쓰임받음

김철수 지음

쓰임받음

김철수 지음

베드로서원

믿는 이가 이 땅에서 쓰임 받지 못하면
반드시 후회하게 됩니다.

序文
| 서문 |

    오늘 우리 시대에 정말 필요한 것이 무엇일까요? 많은 것을 소유하고 누리는 것일까요? 이 땅에서의 행복을 추구하는 것일까요? 그렇게 말하는 사람들이 있다 할지라도 우리는 그리스도께서 무엇을 요구하셨는지 보아야 합니다. 그분은 이 땅에 계실 때 그분의 자녀들이 그 나라와 뜻이 이 땅에 이루어지길 기도하라고 하셨습니다. 하나님의 관심은 그분의 나라와 그분의 뜻이 이 땅에 이루어지는 것인데, 우리는 얼마나 많은 경우에 그분의 갈망과 다른 편에 서서 서성이고 있습니까? 하나님은 "나의 자녀들을 통하여 이 땅에 나의 나라와 나의 뜻이 이루어지길 원한다"라고 하시는데, 우리는 어떠합니까? 이러한 주님의 쓰임에 순종하는 자들이 얼마나 적은지요!

    이 땅에 모든 그리스도인들에게는 하나님의 안배가 있습니다. 만일 우리가 내 생각과 내 뜻, 내 계획을 가지고 주님을 섬기려 한다면 믿는 이들에게 허락된 그분의 안배하심을 체험할 수 없을 것입니다. 왜냐하면 하나님의 안배하심은 자신의 모든 것을 내려놓고 그분을 겸손히 따르고자 하는 자들만이 느낄 수 있기 때문입니다. 그분의 이끄심은 우리가 볼 때는 원치 않는 환경과 여건일 수 있고, 우리가 바라지 않는 것일 수도 있습니다. 그러나 하나님은 그분의 자녀들을 통하여 꼭 이루고자 하시는 일이 있어 우리를 이끄실 때가 있습니다. 왜냐하면 하나님은 그분의 믿는 자들을 그분의 필요와 뜻을 이루시기 위하여 이끄시기 때문입니다.

　우리가 믿는 그리스도를 생각해보시기 바랍니다. 하나님은 그리스도를 통하여 인류를 구원하실 계획을 갖고 계셨습니다. 그러한 하나님의 계획은 그리스도께서 자신의 모든 것을 버리시고 하나님의 뜻을 따르셨기 때문에 이루어질 수 있었던 것입니다. 마찬가지로 우리를 통하여 그분께서 하고자 하시는 일이 있다 할지라도, 우리가 그분의 안배하신 뜻을 따르지 않는다면 그분의 뜻은 이 땅에 이루어질 수 없을 것입니다. 그러므로 우리는 우리가 원하는 곳이 아니라 아무리 천박하고 메마르다 할지라도 그분께서 원하시는 그곳에서 그분의 뜻을 따를 때 그분은 우리를 통하여 하시고자 하시는 뜻을 이룰 수 있는 것입니다.

　　오랜 시간 동안 주님은 믿는 이들을 통하여 그분의 나라와 뜻을 이 땅에 이루고자 하셨습니다. 그래서 주님은 우리를 준비시키길 원하십니다. 그러나 믿는 우리는 그분의 뜻을 외면하고 우리의 일에 너무나 빠져 있지 않았습니까? 사도바울이 어떻게 살았습니까? "나는 선한 싸움을 싸우고 나의 달려갈 길을 마치고 믿음을 지켰으니"(딤후4:7). 그는 그리스도를 믿고 난 뒤에 그리스도께서 맡겨주신 것을 위하여 쉼 없이 달리는 경주자처럼 살았습니다. 하나님은 이러한 삶을 어떤 특정한 그리스도인에게만 요구하실까요? 아닙니다. 하나님은 그분을 믿는 모든 자들이 이와 같이 살기를 원하십니다. 하나님은 우리 모든 그리스도인들이 그분의 손에 붙잡힌 바 되어 그분의 나라와 뜻을 위해 쓰임 받기를 원하고 계십니다. 그리스도를 믿는 자들이라면 주님의 손에 붙잡힌 바 되어야 하고, 주님께 쓰임 받아야 합니다.

이 책은 성령께서 주신 부담 가운데 기도하면서 주님께 쓰임 받기를 갈망하는 자들을 돕기 위하여 수원지구촌교회 지체들과 함께 나누었던 메시지들입니다. 부족함이 많지만 이 책을 통하여 많은 이들이 영적인 유익을 얻고, 주님께 붙잡힌 바 되어, 주님의 나라와 복음을 위하여 쓰임 받기를 간절히 바라는 마음으로 출판을 고려하게 되었습니다. 아무쪼록 이 책을 통하여 하나님의 갈망을 발견하고, 많은 믿는 이들이 각처에서 불꽃처럼 일어나 주님의 손에 붙잡혀 귀하게 쓰임 받는 그릇이 되기를 바랍니다.

끝으로 이 책이 나오기까지 주님의 나라와 복음을 위하여 헌신해온 수원지구촌교회 형제자매들과 책의 원고를 애써 정리해준 딸 은영이와 이 책의 출판에 기꺼이 응해주신 베드로서원 방주석 사장님과 직원들에게도 깊은 감사를 드립니다.

2011년 9월
그리스도께 매인 바 된
김 철 수 목사

C O N T E N T S

PART 03 그리스도께 쓰임받아라

PART
01

그리스도의 은혜를 체험하라

그리스도의 십자가의 고난

십자가를 바라볼 때

죽음은 슬픈 것이다. 누군가를 떠나보낸다는 것은 가슴 아픈 일이기 때문이다. 그러나 성경에는 죽은 사람을 위하여 눈물 흘리며 가슴 아파하라 하지 않고, 죽은 자를 생각하며 그에게 마음을 쏟으라고 하지 않는다.

하지만 우리가 영원히 기억해야 할 죽음이 있다. 그것은 바로 그리스도의 십자가의 죽음이다. 고린도전서 11장 26절을 보자. "너희가 이 떡을 먹으며 이 잔을 마실 때마다 주의 죽으심을 그가 오실 때까지 전하는 것이니라." 주님께서 친히 그분의 십자가의 죽으심을 우리로 하여금 기억하게 하고, 그의 죽으심을 그분이 다시 오실 때까지 전하라고 하신 것이다. 그러므로 우리는 다른 사람의 죽음은 잊어도 주 예수 그리스도의 십자가의 죽음은 잊어서는 안 된다. 그렇다면 왜 주님은 친히 그분의 십자가의 죽음을 기억하여 전하라고 하셨는가?

우리의 죄 때문에 죽으심

주 예수 그리스도는 우리가 받아야 할 죄의 형벌을 대신 받고, 우리에게 영생을 주기 위하여 십자가에 죽으셨다. 누가 우리를 위하여 죽었는가? 누가 우리가 범한 죄의 형벌을 대신 받았는가? 누가 우리를 저 영원한 멸망에서 구원했는가? 세상의 어떤 누구도 대신할 수 없는 것을 우리를 위하여 주 예수께서 하신 것이다.

본래 그분은 하늘에 계신 영광의 하나님이시며 지극히 거룩하신 분으로서 죽으실 필요가 없으시며 죽을 수도 없는 분이셨다. 그러나 그분은 이 세상 죄인들을 불쌍히 여기고 사랑하셨기 때문에 사람의 모양으로 오셔서 죄인의 위치에 서서 죄인이 받아야 할 형벌을 받으신 것이다. 빌립보서 2장 6-8절을 보자. "그는 근본 하나님의 본체시나 하나님과 동등됨을 취할 것으로 여기지 아니하시고 오히려 자기를 비워 종의 형체를 가지사 사람들과 같이 되셨고 사람의 모양으로 나타나사 자기를 낮추시고 죽기까지 복종하셨으니 곧 십자가에 죽으심이라." 그분은 우리를 살리려고 죽으신 것이다. 죄는 우리가 범하고, 악도 우리가 범했다. 그러나 죄의 형벌은 우리가 아닌 주 예수 그리스도에게 떨어졌다. 이것이 대신하심이요, 사랑이요, 은혜다. 그러면 누가 그리스도를 십자가에 못 박게 했는가? 바로 죄인인 우리의 죄가 그분을 십자가에 못 박게 한 것이다. 우리의 죄를 대신하여 골고다에서 죽으신 분! 혹시 그분의 십자가 죽음으로 인해 애통해하며 눈물 흘려본 적이 있는가? "오 주님, 나의 죄를 대신하여 죄 없는 당신이 십자가에서 죽으시다니요!" 다른 사람의 죽음 앞에 슬퍼하고 눈물 흘리면서도 주 예수의 십자가의 죽음에 눈물 흘려보지 않았다면 그 눈물은 잘못된 것이다. 우리는 우리를 죄에서 구원하기 위하여, 죄인인 우리를 위하여 대신 죽으신 그분을 생각할 때 성령의 감동으로 말미암아 눈물을 흘려야 한다.

이 땅에 계실 때의 고난

주 예수님은 이 땅에 계실 때 단 하루도 십자가의 그날 아래에 있지 않는 날이 없었다. 하나님이신 그분이 이 땅에 태어나실 때 어디에서 태어나셨는가? 여관에 있을 곳이 없어 베들레헴 말구유에서 나셨다. 생각해보라! 그 추운 계절, 말구유에 나신 분을 생각해보라! 그것도 강보에 싸인 채 그 구유에 누우신 분을 생각해보라! 이것이 하나님과 동등되신 분이 받으실 대가인가? 그러나 우리를 위하여 그분은 기꺼이 이런 출생의 고난을 받으셨다.

또한 그분은 이 땅에 계실 때 정처가 없었다. 장차 있을 영원한 복락을 믿는 이들이 천국을 누리게 하기 위하여 세상 사람들을 이끌어, 일정한 거처도 없이, 때로는 음식도 드시지 못한 채 종일 분주하게 두루 다니셨다. "예수께서 이르시되 여우도 굴이 있고 공중의 새도 거처가 있으니 인자는 머리 둘 곳이 없다 하시더라"(마 8:21). 그분이 무엇 때문에 이렇게 되셨는가? 그분 자신 때문이신가? 절대 아니다. 바로 우리 때문이다. 우리의 죄가 그분으로 하여금 이런 고통을 당하게 한 것이다.

또 그분은 이 땅에 계실 때 세상 사람들에게 어떤 대우를 받으셨는가? 하나님의 아들로 이 땅에 오셨지만, 그분은 얼마나 세상 사람들의 불신과 반대에 부딪치셨는가? 하물며 예수님을 따르는 제자들까지도 그분을 의심했다. 이로 인해 그분은 애통하고 탄식하며 상심하셨다. 결국 그분은 세상 사람의 강퍅한 마음이 회복될 가능성이 없음을 알고서 예루살렘에서 우셨다.

우리가 어찌 우리 주의 마음을 다 알 수 있을까? 그리스도를 믿고 그분을 따르다보면 조금이나마 주님의 마음을 알 것이다. 사람들의 마음이 왜 그리 강퍅한지. 전능하신 하나님 그분 앞에 자신을 꺾지 않는 모습. 사람은 알면서도 죄를 범하고, 모르면서도 죄를 범한다. 그래서 신실한 주님의 종들이 이렇게 기도한다. "주님! 어떻게 해야 합니까? 어찌해야 사람의 마음을 하나님께로 돌이킬 수 있습니까? 강퍅한 사람의 마음을 부드럽게 해주시길 바랍니다." 아무리 복음을 전해도 반응이 없는 사람들. 아무리 베풀고 나누어도 되돌아오는 것은 비난뿐인 현실 속에 사람들의 마음이 얼마나 강퍅한지 우리가 느끼는데, 하물며 주 예수님께서 이 땅에 계실 때 그분의 탄식은 어떠하셨겠는가? 그분께서 이 땅에 계실 때 우신 것이 당시의 사람들 때문이었겠는가? 아니다. 지금 오늘날 그분을 배역하고 그분을 외면하는 사람들의 마음 때문이다.

우리는 마음을 강퍅하게 해서는 안 된다. 주 예수님께서 이 땅에서 사람들의 마음으로 인해 슬피 우셨는데, 그리스도를 믿는 우리마저도 그분을 또 우시게 해서는 안 된다. 우리는 이렇게 고백해야 한다. "주 예수님! 나의 죄가 참으로 악합니다. 저 때문에 주님은 고난을 받으셨습니다. 저의 마음이 부드러워져 당신의 뜻을 따르길 원합니다."

십자가의 고난

그러면 주 예수님은 어디에서 최고의 고난을 당하셨나? 바로 십자가에서였다. 주님께서 세상에 계실 때 심히 감당하기 어려운 고난을 당하셨다 할지라도 십자가의 고난에는 비교될 수 없다. 그분은 죄가 없으셨다. 그런데 그분은 붙잡히셨고, 십자가에 못 박히셨다. 그분이 십자가에서 어떤 고난을 당하셨는지 보라! 마가복음 15장 15절을 보자. "예수는 채찍질하고 십자가에 못 박히게 넘겨 주니라." 빌라도의 로마병사들이 그분을 채찍질했다. 로마의 채찍은 나무 자루로 만들어졌는데 자루 끝 부분에는 여러 줄의 가죽띠가 묶여 있으며 띠 끝에는 무거운 금속이 매달려 있었다. 채찍을 맞는 사람은 등을 내놓고 몸을 엎드려 나무에 묶이고, 채찍질하는 사람은 자루를 쥐고 가죽 띠로 사람을 채찍질한다. 세 번만 채찍질하여도 맞는 사람의 살점이 뜯기고 피가 흐른다. 죄가 없으신 주님께서 로마병사가 휘두른 채찍에 맞으신 것이다. 이것이 누구 때문인가? 우리의 죄 때문이다. 세상에 누가 우리 때문에 채찍에 맞은 자가 있는가? 오직 우리 주 예수님께서 우리를 위하여 채찍에 맞으셨다. 이에 대해 이사야 선지자는 "그가 채찍에 맞으므로 우리는 나음을 받았도다"(사 53:5)라고 예언했다. 그분은 우리에게 나음을 주시기 위하여 채찍에 맞으셨다. 고통 받고 있는 자가 있는가? 질병으로 아픔을 당하고 있는 자가 있는가? 주님의 십자가에 나와 나음을 받으라!

채찍에 맞으신 후 그분은 어떻게 되셨는가? 머리에 가시관을 쓰셨다. "예수에게 자색 옷을 입히고 가시관을 엮어 씌우고 경례하여 이르되 유대인의 왕이여"(막 15:17-18). 이것은 희롱이고 비웃음이며 참으로 감당하고 견디기 어려운 것이다. 세상 사람들이 예수 그리스도께 드린 것은 영광의 면류관이 아니라 가시관이었다. 주 예수님은 우리를 위하여 이렇게 저주를 당하셨다. 그분은 머리에 세상 사람들의 범죄와 저주로 인한 가시관을 쓰셨다. 그 가시는 얼마나 뾰족하고 예리한가. 조금도 흠이 없는 그분이 왜 이렇게 가시에 찔려야만 했는가? 그분이 고통 받으시고 피 흘리신 것은 우리가 영원히 멸망할 것을 알고 계셨기 때문이다. 제발 부탁이다. 우리는 주 예수 그리스도의 죽음 외에는 슬퍼하지 말아야 한다. 그분은 영광을 받으셔야 할 분이다. 그런데도 사람들에게 저주와 멸시를 받으신 것이다. 우리는 우리를 위하여 고통 받으신 주님을 생각하고 그분의 십자가의 죽으심을 기억하고 전해야 한다.

그리고 그 후 예수님은 십자가에서 어떻게 되셨는가? 예수님께서 골고다로 가실 때 수많은 백성들이 욕설과 돌을 던지며 저주를 퍼부었다. 하나님의 아들이, 하나님이신 그분이, 자신이 만든 사람들에게 이런 수모와 수치를 당한 것이다. 전직 대통령의 죽음으로 인해 그를 따르는 사람들이 보여준 것과는 너무나 대조적이지 않는가? 예수님이 골고다에 이르자 사람들은 그분을 못 박아 죽였다. 예수 그리스도를 못 박은 사람들이 로마 군병들뿐이겠는가? 다만 유대 공회뿐이겠는가? 사실은 우리의 죄가 그분을 못 박아 죽게 한 것이다. 십자가는 가로로 된 나무와 세로로 된 나무로 만든 것이다. 군병들은 주 예수를 그 나무 위에 눕히고 큰 못으로 그의 손을 나무에 못 박았다. 살은 찢어졌다. 피가 흐르고 있었다. 주님은 폐부까지 고통을 당하셨다. 두 손과 두 발이 다 이러했다. 후에 십자가를 곧게 세울 때 주 예수님 온몸의 무게는 이 몇 개의 못에 걸려 있었다. 그 고통을 생각해보라! 못 박히고 몇 개의 못에 온 몸을 지탱하신 그분의 고통을 생각해보라! 어떤 고통과 비교할 수 있겠는가?

언젠가 어떤 자매가 나에게 이런 질문을 했다. "목사님, 주님이 당하신 형벌이 너무 가혹하네요. 꼭 그렇게 해야만 우리의 죄가 사해지나요?" 그때 나는 이렇게 말했다. "우리의 죄가 얼마나 무겁고 크면 그분이 그렇게 형벌을 받았겠나요?" 죄의 형벌은 영원한 지옥의 고통이다. 십자가에서 주 예수님이 받으신 고난은 우리 죄인들이 마땅히 받아야 할 고난이다. 우리가 받아야 할 형벌을 하나님은 죄가 없으신 주 예수님에게 내리신 것이다. 우리의 죄는 못과 같이 예수님을 못 박아 죽게 했다.

이제 우리가 할 일이 무엇인가? 하나님께서 우리의 죄를 위하여 주 예수님을 십자가에 못 박아 죽게 하셨다는 것을 기억하는 것이다. 그리고 "우리 주의 흘리신 보배로운 피가 나의 죄를 깨끗케 했네."라고 찬양하며 그의 죽으심을 전파하는 것이다.

피 흘림 없이 죄 사함이 없은즉

주 예수님이 우리의 죄를 위하여 십자가를 지실 때 그분은 땀방울이 핏방울이 되도록 기도하셨다. 그분은 채찍에 맞으며 피를 흘리셨다. 그분의 이마는 가시관으로 인해 피가 흘렀다. 또 무지한 백성들이 던지는 돌에 맞아 피를 흘리셨다. 두 손과 발은 못 박혀 피가 흘렀다. 십자가에 매달려 물과 피를 모두 쏟으셨다. 또 그 옆구리는 창에 찔려 피가 흘렀다. 그분의 피를 보라! 우리를 위하여 흘리신 피를 보라! 누가 우리를 위하여 이토록 처참하게 피 흘리며 고난 당하셨는가? 히브리서 9장 22절을 보자. "피 흘림이 없은즉 사함이 없느니라" 피를 흘리지 않으시면 우리의 죄가 용서될 수 없기 때문에 우리를 위하여 죄가 없으신 주 예수님이 피 흘리신 것이다. 마태복음 26장 28절을 보라. "이것은 죄 사함을 얻게 하려고 많은 사람을 위하여 흘리는 바 나의 피 곧 언약의 피니라." 그분의 피 흘리심은 우리를 위하여 흘리신 것이며, 그분의 십자가에 못 박히심은 우리를 대신해 못 박힌 것이다. 그분이 받으신 고통은 우리의 죄를 담당하신 것이다. "그리스도께서도 단번에 죄를 위하여 죽으사 의인으로서 불의한 자를 대신하였으니 이는 우리를 하나님 앞으로 인도하려 하심이라"(벧전 3:18).

이제 우리는 어떻게 해야 하는가? 주님의 십자가의 죽으심을 기억해야 한다. 어떤 특정 사람의 죽음을 기억하고 사람의 뜻을 따르며 그로 인해 애통하지 않기를 바란다. 우리는 예수 그리스도의 고난을 기억해야 하고 그분의 십자가의 죽으심 때문에 눈물 흘려야 한다. "주님! 하나님이신 당신께서 죄로 인해 영원한 멸망을 받아야 할 나를 위하여 십자가에서 형벌을 받으셨습니다. 나의 죄 때문에 당신이 형벌을 받으셨습니다. 얼마나 고통스러웠습니까? 얼마나 아프셨습니까? 얼마나 힘드셨습니까? 주님께서 십자가에 죽으심으로 나를 구원하셨습니다. 영원한 멸망의 길에서 구원하셨습니다. 이제는 내 생명 다 할 때까지 주님의 십자가의 죽음을 기억합니다." 하면서 주님이 십자가에서 죽으심을 전파해야 한다.

세상 사람들이 사람의 업적을 아무리 높인다 할지라도 그것이 사람을 영원한 형벌에서 구원하지 못한다. 우리는 십자가만이 사람을 구원한다는 것을 알아야 한다. 죄인을 위하여 주 예수님께서 십자가에 죽으셨다는 것을 전해야 한다. 우리는 만나는 사람마다, "주 예수님께서 당신의 죄를 위하여 십자가에서 죽으셨습니다."라고 전해주어야 한다. 고린도전서 1장 17-18절을 보자. "그리스도께서 나를 보내심은 세례를 베풀게 하려 하심이 아니요 오직 복음을 전하게 하려 하심이로되 말의 지혜로 하지 아니함은 그리스도의 십자가가 헛되지 않게 하려 함이라 십자가의 도가 멸망하는 자들에게는 미련한 것이요 구원을 받는 우리에게는 하나님의 능력이라." 사람을 구원할 수 있는 것은 오직 그리스도의 십자가뿐이다. 우리는 주님께서 다시 오실 그날까지 주님의 십자가를 전하고 전해야 한다.

그리스도의 사랑

성경에서는 하나님의 사랑과 그리스도의 사랑을 말한다. 요한 일서 4장 8절에 "하나님은 사랑이심이라"라고 했다. 하나님은 사랑이시기 때문에 우리 죄를 속하기 위하여 그 사랑을 나타내셨다. 어떻게 나타내셨는가? 그 아들을 이 세상에 보내신 것이다. 하나님의 사랑이 그리스도를 이 세상에 보내신 것이다. 그리고 그리스도 역시 우리를 사랑하시기 때문에 그분은 하나님의 뜻을 따를 수 있었고, 우리를 위하여 자신을 내어주실 수 있었다. 분명 하나님의 사랑이 있고, 그리스도의 사랑이 있지만 이 둘은 하나다.

우리가 신앙생활을 하면 할수록 깨닫게 되는 것이 무엇인가? 사랑이 얼마나 위대한 것인가 하는 것이다. 육에 속한 사람은 자신의 지식, 재물, 소유가 능력이라고 생각한다. 그러나 하나님을 알고 그분을 깊이 체험한 성도는 사랑이 얼마나 큰 능력인가를 깨닫는다. 그래서 고린도전서 13장 1-2절에 뭐라고 말씀하고 있는가? "내가 사람의 방언과 천사의 말을 할지라도 사랑이 없으면 소리 나는 구리와 울리는 꽹과리가 되고 내가 예언하는 능력이 있어 모든 비밀과 모든 지식을 알고 또 산을 옮길만한 모든 믿음이 있을지라도 사랑이 없으면 내가 아무것도 아니요." 사랑이 능력이고 힘이라는 것을 깨닫는 것이 얼마나 중요한지 모른다. 그러므로 우리도 그리스도의 사랑을 알아야 한다. 성경에는 세 종류의 그리스도인을 위한 그리스도의 사랑을 언급하고 있다. 우리가 그리스도의 사랑을 안다면 참으로 풍성할 것이며, 모든 것을 이길 것이며, 주님을 위하여 기꺼이 섬길 수 있을 것이다.

고난 받는 자들을 위한 그리스도의 사랑

모든 믿는 이들에게는 이 세상에서 각자 그들이 당하는 고난과 환경이 있다. 언젠가 어떤 사람이 "그리스도인에게도 고난이 있습니까?" 하고 물었다. 물론이다. 믿는 이들에게도 당할 고난이 있고 그들이 처할 환경이 있다. 그런데 그러한 고난과 환경을 극복할 수 있는 것이 무엇인가? 그리스도의 사랑이다.

로마서 8장 35-36절을 보자. " 누가 우리를 그리스도의 사랑에서 끊으리요 환난이나 곤고나 박해나 기근이나 적신이나 위험이나 칼이랴 기록된 바 우리가 종일 주를 위하여 죽임을 당하게 되며 도살 당할 양 같이 여김을 받았나이다 함과 같으니라." 어떤 성도는 환난을 당하고, 어떤 성도는 곤고함을 심하게 겪고, 어떤 성도는 박해를 받고, 어떤 성도는 굶주림을 체험한다. 이외에도 적신이나 위험이나 칼 등이 우리에게 닥쳐도 그것이 그리스도의 사랑에서 끊을 수 없다. 왜인가? 그리스도의 사랑이 이 모든 것을 해결할 수 있기 때문이다.

로마서 8장 37절을 보라. "그러나 이 모든 일에 우리를 사랑하시는 이로 말미암아 우리가 넉넉히 이기느니라." 여기 "모든 일"에는 하나님을 믿는 자들이 이 세상에 당할 수 있는 모든 것이 다 포함된다. 우리가 어떠한 일을 당한다 할지라도 우리를 사랑하시는 이로 말미암아 어떻게 이기는가? "넉넉히 이긴다."

지난주에 한 자매와 전화 통화를 했다. 종양 때문에 수술하고자 했지만 머리에까지 전이가 되어 수술할 수 없다는 진단을 받고 고통 중에 있었다. 그 자매에게 물었다. "우리를 위하여 십자가에 죽으신 주님은 여전히 자매님을 사랑하고 계십니다. 그분이 자매님을 사랑하시기에 자매님은 어떻게 할 수 있나요?" 그 자매는 이렇게 말했다. "넉넉히 이깁니다." 그렇다. 그리스도인은 모든 환난이나 곤고함이나 박해나 굶주림이나 위험을 이긴다. 그것들을 이기게 하는 것이 그리스도의 사랑이다. 우리가 그리스도의 사랑을 알고, 그 사랑을 맛보면 그 모든 것을 이기게 된다. 우리는 주님이 나를 사랑하시는지 의심해서는 안 된다. 이미 사랑하셨고 사랑하고 계시고 앞으로도 사랑하실 것이다. 요한복음 13장 34절에 "내가 너희를 사랑한 것 같이"라고 말씀하셨다. 또 주님은 요한복음 15장 9절에 "아버지께서 나를 사랑하신 것 같이 나도 너희를 사랑하였으니"라고 하셨다. 그러므로 우리는 주 예수님이 우리를 사랑하신다는 것을 믿어야 한다. 그리고 "그리스도의 사랑이 나에게 있기 때문에 나는 모든 것을 이깁니다."라고 말해야 한다. 우리에게 그리스도의 사랑이 있기에 모든 일을 넉넉히 이긴다. 할렐루야!

주님의 일꾼된 자들을 위한 그리스도의 사랑

고난 받는 자들을 위한 그리스도의 사랑이 있고 또한 주님의 종들, 주님을 섬기는 자들을 위한 그리스도의 사랑이 있다. 고린도후서 5장 13-14절을 보라. "우리가 만일 미쳤어도 하나님을 위한 것이요 정신이 온전하여도 너희를 위한 것이니 그리스도의 사랑이 우리를 강권하시는도다." 다른 사람들에게 바울은 어떻게 보였는가? 하나님께 미친 사람, 그리스도의 복음에 미친 사람으로 보였다. 그가 그렇게 할 수 있었던 까닭이 무엇이었는가? 그리스도의 사랑이 강권하셨기 대문이다. 여기 '강권'이라는 말은 물이 물에 있는 어떤 것을 밀어내는 것을 뜻한다. 그러니까 그리스도의 사랑이 무척이나 강하여 자신으로 하여금 복음을 위하여 일하지 않으면 안 되게 했다는 것이다.

언젠가 어느 교회 한 자매님의 간증을 들은 적이 있다. 그 자매님이 어느 날 러시아에서 선교를 하고 온 여선교사를 만났다. 한참 교제를 하고 난 뒤에 헤어졌는데, 하나님께서 그 자매님에게 '장롱 안에 있는 밍크 털옷을 그 여선교사에게 주라.'고 하시는 것이었다. 이 자매는 '하나님, 그것이 어떤 옷입니까? 남편에게 졸라서 간신히 마련한 옷인데, 그 비싼 것을 주라니요. 저 그렇게 못합니다.' 하고 말했다. 그러나 시간이 흐를수록 이 자매는 견딜 수 없었다. 밤에 잠을 잘 때도 그 여선교사가 생각이 나고, 낮에도 시간이 나면 그 여선교사가 생각이 나서 견딜 수 없었다. 그래서 '하나님 알겠습니다. 하나님께 항복하겠습니다.'라고 하고는 그 귀한 옷을 그 여선교사에게 건넸다고 한다.

교회역사에 보면 아프리카에서 평생 동안 복음을 전했던 리빙스턴이 이런 말을 했다. "노예 매매를 위해 아프리카에 가는 사람도 있는데 그리스도의 사랑이 한 사람을 강권하여 아프리카로 가게 하지 못하겠는가!" 실제로 그는 그리스도의 사랑이 강권해 자신의 생명을 버리면서까지 아프리카에서 복음을 전했다. 이 한 사람으로 인해 얼마나 많은 사람들이 그리스도께로 돌아왔는가! 우리는 사랑을 사람들에게 보여줄 수 없다. 그러나 그리스도의 사랑을 맛본 사람은 이 사랑에 의해 밀려 나가지 않을 수 없다.

전도를 해본 사람은 이런 경험이 있을 것이다. 사람들에게 간증을 하고 복음을 전하는 것이 얼마나 어려운지 말을 하기도 전에 얼굴이 빨개지기도 하고, 입을 열기도 힘들다. 그렇게 머뭇거리다가 포기하고 만다. 그러나 그리스도의 사랑이 우리를 강권하면 복음을 전하지 않을 수 없다. 두려워하지 않고, 머뭇거리지 않는다. 창피하다는 생각이 들지 않는다.

어느 자매가 있었다. 그녀는 남 앞에서 말 한 마디 못하는 사람이었다. 얼굴이 빨개지고 더듬거릴 정도였다. 그러나 그녀에게 그리스도의 사랑이 강권하자, 수백 명을 그리스도께로 인도하는 복음전도자가 되었다는 간증을 들어본 적이 있다. 왜 수많은 그리스도인들이 박해를 받으면서도 예수를 전파하는가? 왜 자신의 목숨을 아끼지 않고 그리스도를 전파하는가? 그리스도의 사랑이 그를 밀어내기 때문이다.

우리는 주님을 섬길 때, 그분을 위하여 일할 때 마지못해 해서는 안 된다. 생각해보라. 마지못해서 하는 일에 어떤 열매가 있겠는가? 바울은 어떤 심정으로 복음을 전했는가? "복음을 전하지 않으면 내게 화가 있으리라." 그는 그리스도의 사랑이 그를 강권했기 때문에 복음을 전하지 않으면 견딜 수 없어서 복음을 전했다는 것이다. 우리도 주님을 섬길 때 미지근해서는 안 된다. 마지못해 주님을 섬겨서는 안 된다. 그리스도의 사랑이 우리 안에서 우리로 하여금 그분을 위하여 일하지 않으면 안 될 정도가 되어야 한다. 그러므로 우리는 그리스도의 사랑이 충만하여 우리를 강권하기를 구해야 한다. "하나님, 저를 그리스도의 사랑으로 충만하게 하여, 주님을 섬기지 않고는 견딜 수 없게 해주십시오."라고 구해야 하는 것이다.

제자된 자들을 위한 그리스도의 사랑

그리스도를 믿는 자들은 모두가 그분의 제자가 되어야 한다. 제자들은 주님으로부터 배우는 자들이며, 또한 그분을 따르는 자들이다. 성경은 이 제자된 자들 위한 그리스도의 사랑이 있음을 말한다. 에베소서 3장 17-19절 "믿음으로 말미암아 그리스도께서 너희 마음에 계시게 하시옵고 너희가 사랑 가운데서 뿌리가 박히고 터가 굳어져서 능히 모든 성도와 함께 지식에 넘치는 그리스도의 사랑을 알고 그 너비와 길이와 높이와 깊이가 어떠함을 깨달아 하나님의 모든 충만하신 것으로 너희에게 충만하게 하시기를 구하노라." 여기에 언급된 그리스도의 사랑은 제자 된 자들을 위한 것이다. 그 사랑이 어떠한가? "그 너비와 길이와 높이와 깊이가 어떠함을 깨달아" 바울은 제자들을 위한 그리스도의 사랑이 얼마나 넓은지, 그 길이는 얼마나 길고 높은지, 그리고 깊이는 얼마나 깊은지 헤아릴 수는 없지만 그것을 깨닫길 원하고 있는 것이다.

내가 이 말씀을 전하기 위하여 '그리스도의 사랑'을 한동안 묵상했다. 사랑하는 사람을 위하여 자신의 모든 것을 희생할 수 있는 사람이 있을까? 쉽지 않다. 그런데 하나님과 동등하시고, 하나님의 본체가 되시는 분, 모든 만물을 지으시고 그 만물을 통하여 존귀와 영광을 받으신 분이 가장 비천한 곳에 있는 보잘것없는 한 사람을 사랑하기 위하여 그 모든 것을 버리셨다. 또 그것도 부족하여 자신을 십자가에서 내어주기까지 하신 것이다. 그런데 이 사랑을 묵상하면 할수록 내가 알고 있는 수사어로, 말로 표현할 수 없어서 이렇게 기도했다. "주님! 제가 아무리 주님의 사랑을 잘 설명한다고 해도 세상의 어떤 말로도 다 표현할 수 없습니다. 직접 당신께서 사랑하는 형제들에게 주님의 사랑을 알게 해주시길 원합니다. 제가 할 수 있는 것은 기도하는 것뿐입니다."

그리스도의 사랑은 어떻게 형용할 수 없다. 사람의 말로 다 표현할 수 없다. 그래서 바울은 '너비, 길이, 높이, 깊이'라고 외쳤던 것이다. 무엇으로도 어떤 말로도 그 사랑을 나타내지 못할 정도로 그분의 사랑은 넓고 길고 높고 깊다.

이토록 그리스도의 사랑은 다 헤아릴 수 없을 정도인데, 우리가 그 사랑을 알지 못하고 체험하지 못하는 이유는 무엇일까? 바로 우리의 불신 때문이다. 그 사랑을 구하지 않기 때문이다. 그 사랑에 목말라하지 않기 때문이다. 우리는 불신을 제거해야 한다. 우리 안에 하나님의 사랑이 있는지 의심해서는 안 된다. 로마서 5장 5절에 "우리에게 주신 성령으로 말미암아 하나님의 사랑이 우리 마음에 부은 바 됨이니"라고 했다. 우리에게 이미 하나님의 사랑이 부은 바 되었다. 이제 우리가 구해야 하는 것은 그 사랑이 어떠한지를 아는 것이다. 그 사랑이 얼마나 넓고 길고 높고 깊은지를 체험하는 것이다. 우리가 그 사랑을 알고 깨닫게 되면 하나님의 헤아릴 수 없는 사랑으로 우리가 충만하게 되는 것이다.

하나님께 구하라! 하나님은 구하는 자에게 이렇게 약속하셨다. "구하라 그리하면 너희에게 주실 것이요"(마 7:7). 그러므로 "하나님, 제가 그리스도의 사랑을 알고 깨닫길 원합니다."라고 구해야 한다.

그리스도의 사랑이 능력이다

우리에게는 그리스도의 사랑이 있다. 그 사랑이 있기 때문에 백 가지 어려움이 찾아와도 모든 것을 넉넉히 이길 수 있다. 또 그 사랑이 있기 때문에 우리가 하나님을 섬기고 그분을 위하여 일 할 수 있다. 그 사랑이 있기 때문에 하나님의 충만하신 것으로 우리가 충만해질 수 있는 것이다. 주님께서 뭐라고 하셨는가? "나를 사랑하는 자가 나의 사랑을 입을 것"이라고 하셨다. 우리는 주님의 사랑을 입고자 해야 한다.

　"오! 주님, 제가 주님의 사랑을 구하고 주님의 사랑을 입기를 원합니다."

Chapter 03 그리스도의 승리

사탄의 존재

언젠가 한 자매와 교제를 나누었다. 그 자매는 내가 준《구원과 그 이후의 삶》이라는 책을 읽고 이해가 되지 않는 부분이 있다고 말했다. 그래서 어떤 부분이냐고 물었더니 "하나님이 천사를 지으셨는데, 그 천사가 어떻게 사탄이 되었는지 모르겠다."는 것이다. 그래서 그 자매에게 사탄의 정체에 대해서 자세히 말해주었다.

하나님은 사람을 창조하시기 전에 먼저 천사를 지으셨다. 그 천사들 중 우두머리인 천사장 루시퍼가 하나님보다 더 높아지려는 불의를 품어 결국 사탄이 되고 말았다. 그래서 하나님은 그 타락한 천사장 루시퍼와 함께 불의를 품었던 타락한 천사들을 천상에서 내쫓으셨다. 그리하여 그들은 우리가 살고 있는 땅 위의 공중의 권세를 잡았고 사탄은 세상의 임금이 되었다.

우리가 이 땅에 살면서 하나님과 우리만 있다면 아무 문제가 일어나지 않을 것이다. 그러나 사탄과 그를 따르는 사자들과 귀신들이 존재하기 때문에 문제가 없을 수 없다. 왜냐하면 사탄은 하나님의 일을 방해하고 사람을 사로잡아 죄의 종노릇하게 만들고, 하물며 믿는 자들까지 우는 사자처럼 공격하여 괴롭히기 때문이다.

나는 그 자매에게 사탄이 어떻게 사람들을 괴롭혀왔는지를 말해주었다. 사탄은 사람들에게 잘못된 생각을 갖게 하고, 잘못된 지식을 갖게 만들고, 감정을 충동질하여 감정을 따라 행동하게 만든다. 그 결과 다른 사람에게 고통을 주고, 실패하게 만들고, 물질적인 손실을 입게 하고, 건강을 해치게 하고, 불신하게 만들어 결국 하나님을 믿지 못하게 만든다. 이처럼 사탄은 이루 말할 수 없는 괴롭힘을 우리에게 주어왔다. 그 언젠가 우리가 사탄의 속임수를 안다면 우리는 분통해할 것이다. 그러므로 그리스도인은 사탄의 존재를 무시해서는 안 된다. 사탄의 정체를 잘 알고 그 속임수에 빠지지 않도록 해야 한다.

그리스도께서 사람으로 오심

우리는 그리스도께서 이 땅에 사람의 모양으로 오셨다는 것을 안다. 그분은 하나님의 본체이고 하나님과 동등되심에도 불구하고 사람의 형체를 가지사 사람들과 같이 되셨고 사람의 모양으로 나타나셔서 십자가에 죽기까지 하셨다. 왜 하나님이신 그분이 사람이 되셔서 십자가에서 죽으셔야만 했을까? 이는 사탄을 궤멸하기 위한 것이다.

창세기 1장을 보면 하나님은 천지를 창조하셨다. 그리고 여섯째 날에 하나님은 사람을 창조하시고 그분이 만드신 모든 것을 다스리게 하셨다. "하나님이 자기 형상 곧 하나님의 형상대로 사람을 창조하시되 남자와 여자를 창조하시고 하나님이 그들에게 복을 주시며 하나님이 그들에게 이르시되 생육하고 번성하여 땅에 충만하라, 땅을 정복하라, 바다의 물고기와 하늘의 새와 땅에 움직이는 모든 생물을 다스리라 하시니라"(창 1:27-28).

하나님께서 하늘과 땅의 것들을 창조하시고 그것을 사람으로 하여금 다스리게 하신 것을 보면 사람은 하나님의 창조 섭리 가운데 위대한 존재임이 틀림이 없다. 그러나 사람이 이런 존재로 지음 받았지만 사탄에게 속임 당하여 하나님 앞에 범죄하여 비참한 존재로 전락하고 말았다. 사탄은 하나님을 대적하여 하나님의 계획을 방해했고, 사람은 사탄의 속임수에 빠져 범죄하였다. 비참하고 나약한 존재가 되고 만 것이다. 하나님은 이 사탄을 제거하고 자 한 하나님의 뜻을 마지막 아담인 예수 그리스도를 통해 이루신 것이다.

예수 그리스도는 하나님이시며 또한 참사람이시다. 하나님이 지으신 사람이 참으로 어떠해야 함이 궁금하다면 예수 그리스도를 보면 된다. 그분은 바로 참사람의 모습이기 때문이다. 그런데 그분이 이 땅에 사람이 되신 것은 사탄을 멸하여 사람을 구원해 하나님의 아들들이 되게 하여 장차 그리스도와 함께 왕노릇하기 위함이다. "하나님의 아들이 나타나신 것은 마귀의 일을 멸하려 하심이라"(요일 3:8).

그리스도께서 승리하신 장소

그렇다면 그리스도께서 어떻게 사탄을 멸하셨는가? 십자가의 죽음을 통해서다. 이상하지 않은가? 우리가 생각하기에는 하나님의 능력은 전능하셔서 얼마든지 사탄을 멸하고 승리할 수 있을 텐데, 왜 하나님은 그분의 아들을 사람으로 이 세상에 보내시고 그 아들이 십자가에서 죽음으로 말미암아 마귀를 멸하신 것일까?

사탄은 사람의 몸은 죽일 수 있다. "몸은 죽여도 영혼은 능히 죽이지 못하는 자들을 두려워하지 말고"(마 10:28). 사탄이 사용할 수 있는 최대의 무기가 바로 죽음이다. 사람들은 죽는 것을 두려워하고, 죽으면 모든 것이 끝난다고 생각한다. 그래서 죽지 않으려고 애쓸 뿐 아니라, 죽으면 끝난다고 생각하며 모든 것을 포기해버린다. 그러므로 사탄을 이길 수 있는 유일한 길은 그가 사용할 수 있는 최대의 능력인 죽음을 이기는 것이다. 그래서 사탄은 예수 그리스도를 죽게 하면 모든 것이 끝나는 줄 알았다. 자신이 승리하는 줄로만 알았다. 그래서 그가 동원할 수 있는 모든 사람을 동원하였다. 여기에는 주님을 따랐던 유다가 포함되었고, 당시에 바리새인과 서기관들이 동조했고, 수많은 무리들이 예수 그리스도를 십자가에 못 박으라고 소리쳤다. 이에 통치자들과 권세를 가진 자들까지 합세하여 그리스도를 십자가에 못 박았다. 그리스도가 십자가에 못 박힐 때 사탄은 자신의 승리를 장담했다. "내가 그리스도를 이겼도다!" 그러나 얼마 후에 사탄은 자신이 패배했다는 것을 알았다. 그리스도께서 십자가에서 죽으시자, 하나님은 십자가에 죽으신 그리스도를 다시 살리신 것이다.

그렇다면 왜 그리스도의 십자가의 죽으심이 사탄을 멸한 것이 되는가? 그리스도께서 십자가에서 죽으실 때 그분은 우리의 죗값을 대신 치르셨다. 하나님은 그리스도께서 흘리신 피를 보시고 우리의 죄를 비로소 용서하실 수 있게 된 것이다. 그리고 하나님은 그리스도를 다시 살리심으로 인하여 사탄이 사람에게 사용해왔던 무기인 죽음을 극복하게 하신 것이다. 이로써 사람을 속여왔던 사탄은 멸망하게 된 것이다. "우리를 거스르고 불리하게 하는 법조문으로 쓴 증서를 지우시고 제하여 버리사 십자가에 못 박으시고 통치자들과 권세들을 무력화하여 드러내어 구경거리로 삼으시고 십자가로 그들을 이기셨느니라"(골 2:14-15).

그리스도께서 마귀를 멸하시고 승리하신 곳이 바로 십자가이다. 그리스도는 하나님이시며 참사람이시다. 참사람이신 분이 십자가에 죽으시고, 마귀를 이겨 승리하셨다. 우리는 그리스도께서 하나님으로서 마귀를 이기셨다고 생각해서는 안 된다. 그분은 사람으로서 마귀를 멸하시고 승리하신 것이다.

그리스도의 승리는 그리스도인의 것이다

그리스도인이 누구인가? 그리스도를 믿는 자들이다. 그리스도가 십자가로 마귀를 멸하시고 승리하셨고 그리스도인은 그 승리로 말미암아 이기는 자들이다. 우리는 그리스도 외에는 아무리 마귀와 싸워도 이길 수 없다는 것을 알아야 한다. 그리스도인의 승리는 마귀를 멸하시고 승리하신 그리스도 안에서 가능하다. 모든 것이 그리스도 안에 있음을 보기 바란다. 이제 우리가 할 수 있는 것은 승리하신 그리스도 안에서 승리를 얻는 것이다.

어느 한 주가 몹시 힘든 적이 있었다. 심한 낙심이 찾아왔고,

어떤 한 가지 일에 매여 아무것도 할 수 없을 정도로 원수의 공격을 받았다. 설상가상으로 금요일쯤에는 음식을 잘못 먹어 체했는지 복통으로 인해 몹시 아팠다. 온몸에 힘이 빠져 기도조차 할 수 없었다. 그래도 기도해야 한다는 생각에 무릎을 꿇었다. 하나님께서 나를 회복시켜달라고 간구했다. 그러나 내가 깨달은 것은 하나님이 하실 일이 없다는 것이다. 하나님은 이미 그리스도 안에서 모든 것을 이루셨기 때문이다. 내가 할 수 있는 것은 모든 것을 이루시고 승리하신 그리스도 안에서 그분이 나를 치료하고 회복시켰음을 믿는 것밖에 없었다. 그래서 이렇게 고백했다. "주님, 당신은 십자가에서 나를 괴롭히던 마귀를 멸하시고 승리하셨습니다. 저는 나를 괴롭히는 마귀가 멸망 당했음을 압니다. 저는 승리하신 주님을 의지합니다."

우리가 승리하길 원하면 그리스도의 승리가 우리의 승리가 되게 해야 한다. 우리가 어떻게 세상을 이기는가? 세상을 이기신 분이 그리스도이시다. 우리는 그분이 이루신 것을 믿고 받아들이면 된다. 하나님은 더 이상 우리를 위하여 하실 일이 없다. 그분은 이미 십자가로 말미암아 승리하시고 모든 것을 이뤄놓으셨다. 이제 우리가 할 수 있는 것은 그분이 이루신 것을 믿고 그분 안에 거하는 것이다.

매주 목요일마다, 말씀을 함께 나누는 자매가 있다. 그 자매가 나에게 이런 고백을 했다. "목사님, 저는 열심히 노력하고 애써보려고 하는데도 남편과의 관계가 좋지 않고, 다른 형제와 자매들과 사이가 좋지 않습니다." 그래서 나는 이런 말을 했다. "자매님, 자매님은 더 많은 실패를 해야 합니다. 자매님은 더 많은 실패를 경험해야 합니다." 그랬더니 "목사님, 그게 무슨 말씀이세요. 사람이 노력하고 애써야만 개선되고 나아질 수 있지 않나요?" 하고 되물었다. 그래서 이렇게 말해주었다. "그리스도인의 승리는 스스로 애쓰고 노력한다고 해서 얻어지는 것이 아니라, 그리스도 안에서만 얻어지는 것입니다. 우리는 스스로 할 수 없을 때 그리스도를 의지하게 됩니다. 그러므로 그리스도께서 이루신 모든 것을 믿고 그분 안에 거하기만 하면 그분의 자양물이 우리에게 흘러 들어와 모든 것을 이기게 되는 것입니다."

중국 선교를 위하여 일생을 바친 허드슨 테일러도, 한때 승리를 얻으려고 무척 애를 썼다고 한다. 그가 쉬지 않고 간구하는데도 불구하고 하나님이 그에게 승리를 주지 않으셨다. 어느 날 그는 요한복음 15장 5절을 읽었다. "나는 포도나무요 너희는 가지니" 순간적으로 그는 빛을 보았다. 그는 무릎을 꿇고 이렇게 기도했다. "저는 세상에서 가장 어리석은 자입니다. 제가 찾는 승리의 생활은 사실 제가 이미 소유하고 있습니다. 예수님께서는 '너희는 가지가 될 것이니'라고 하시지 않고 '너희는 가지니'라고 말씀하셨습니다." 그는 과거 여러 해 동안 가지처럼 포도나무에 붙게 해달라고 기도했던 것이다. 자신이 이미 포도나무에 붙은 가지인 것을 몰랐던 것이다. 그제야 그는 하나님의 계시를 받고 참된 믿음을 가지게 되었다. 그 이후는 승리의 삶을 살았고 그는 이렇게 간증을 했다. "저는 패배를 당했고 그래서 승리를 간구했습니다. 그러나 승리는 도무지 오지 않았습니다. 그런데 제가 믿는 그날, 승리가 찾아왔습니다."

믿어야 한다

우리는 예수 그리스도를 믿는 자들이다. 그리스도를 믿는 자들은 그리스도와 연합된 자들이다. 이미 포도나무이신 그리스도께 붙어있는 가지인 것이다. '그리스도를 믿으면 앞으로 가지가 될 것이다'가 아니라, 이미 그리스도께 붙어있는 자들이다.

고린도전서 1장 30절을 보라. "너희는 하나님으로부터 나서 그리스도 예수 안에 있고". 예수 그리스도를 믿는 자들은 하나님으로부터 난 자들이다. 그들이 어디에 있다고 말하는가? "그리스도 예수 안에 있고" 그리스도를 믿는 자들은 그리스도 안에 있는 자들이다. 그러므로 우리는 이렇게 믿어야 한다. "나는 이미 그리스도 안에 있다. 나는 이미 포도나무에 붙은 가지이다. 포도나무에 붙은 가지라면 뿌리에서 수액을 끌어올리려는 노력은 할 필요가 없는 것이다." 우리가 가지라는 사실 외에 아무것에도 관심을 가질 필요가 없다. 나무 밖에 있는 무엇을 얻으려고 애쓰지 말아야 한다. 우리가 가지라는 사실만을 믿으면 된다. 이제 믿기만 하면 그리스도 안에 있는 승리는 나의 승리가 되는 것이다.

그리스도의 보호하심

책임의 여부

우리는 무슨 일이 터지면 먼저 책임을 묻는다. 어린 자녀가 성인이 되기 전에는 그 자녀의 양육에 대한 책임이 부모에게 주어진다. 왜 그런가? 그 자녀를 낳는 순간부터 부모에게 책임이 부여되기 때문이다. 만일 부모가 그 자녀를 낳지 않았다면 그 책임을 부모에게 물을 수 없다. 그러나 낳은 이상, 부모는 책임을 피할 수 없다.

이런 부모를 본 적이 있다. 자녀가 밖에서 큰 잘못을 저지르고 돌아왔다. 그때 부모는 피해자에게 찾아가 "이 아이의 잘못은 제가 책임지겠습니다."라며 잘못을 구하고 피해자에게 손해를 보상해주었다. 왜 이 부모가 이렇게 했던 것인가? 자신의 자녀이기 때문이다. 자신이 책임질 의무가 있기 때문이다.

그렇다면 하나님은 어떠하신가? 하나님은 우리를 낳으셨다. 우리가 하나님의 자녀가 되고 싶어서 된 것 같지만 사실은 하나님께서 우리로 하여금 하나님의 자녀가 되게 하신 것이다. 여기 어린 자녀를 둔 부모가 있다. 부모 입장에서는 그 아이를 낳고 싶어서 낳았을 것이다. 그러나 어린 자녀 입장에는 자신이 태어나고 싶어서 태어난 것이 아니다. "아빠, 엄마, 저를 낳아주세요."라고 해서 태어난 자녀가 있는가? 부모가 낳았기 때문에 자녀가 있는 것이다. 하나님과 우리 사이도 마찬가지다. 우리는 어느 순간 그리스도를 믿었다. 그런데 그리스도를 믿는 것조차도 내가 믿고 싶어서 믿은 것이 아니라, 하나님께서 그분이 보내신 예수 그리스도가 우리를 죄에서 구원하실 구세주로 알게 해주셨기 때문에 그분을 믿었다. 마태복음 16장 15절에 보면 예수님께서 그 제자들에게 "너희는 나를 누구라 하느냐" 물으셨다. 그때 주님의 제자 중의 한 명인 베드로가 이렇게 말했다. "주는 그리스도시요 살아 계신 하나님의 아들이시니이다." 그때 주님께서 뭐라고 하셨는가? "바요나 시몬아 네가 복이 있도다 이를 네게 알게 한 이는 혈육이 아니요 하늘에 계신 내 아버지시니라." 하나님께서 예수님을 그분이 보내신 그리스도, 살아계신 하나님의 아들이심을 알게 하셨다는 것이다. 그러므로 우리가 하나님을 믿는 것조차도 하나님의 역사다. 달리 말한다면 우리가 하나님의 자녀가 된 것이 나의 뜻이 아니라, 하나님의 뜻이라는 것이다.

내게 오라

성경의 많은 부분에 주님께서 초청하시는 것을 볼 수 있다. 요한복음 7장 37절에 보면 "예수께서 서서 외쳐 이르시되 누구든지 목마르거든 내게로 와서 마시라"라고 말씀하신다. 여기 "내게로 와서 마시라"라고 초청하시는 분이 누구신가? 바로 주 예수님이시다. 주 예수님은 하나님이시므로 아무 대책 없이 사람을 오라고 하시는 분이 아니다. 세상 사람들은 사람들에게 "이리 오시오 내가 당신들을 책임지겠소." 해놓고 상황이 달라지면 다시 "가라"하거나, "이제 도저히 안 되겠소."라고 말할 수 있다. 그러나 주 예수님께서 "내게로 오라'" 하셨다면 그 말씀을 듣고 그분에게로 나온 자들은 반드시 책임지신다.

마태복음 11장 28절을 보라. "수고하고 무거운 짐 진 자들아 다 내게로 오라 내가 너희를 쉬게 하리라." 여기서도 주 예수님은 수고하고 무거운 짐 진 자들을 내게로 오라고 초청하신다. 그것도 일부만 선별해서 조건에 합당한 사람만 부르시는 것이 아니라, 다

"내게로 오라"고 하신 것이다. 주 예수님은 누가 어떤 문제와 고통을 안고 있다 할지라도 다 초청하시고, 그들의 필요를 채워줄 수 있으신 분이다. 우리는 우리를 초청하신 분이 다름 아닌 하나님이심을 보아야 한다. 그분은 아무 능력도 없이 무조건 사람을 오라 하시는 분이 아니다. 그분은 사람이 어떠한 상태에 있다 할지라도, 어떠한 아픔과 고통에 있다 할지라도 그들의 모든 필요를 능히 채워줄 수 있는 분이다.

17세기 프랑스에 잔느 귀용이라는 신실한 하나님의 사람이 있었다. 그녀가 쓴《하나님을 경험하는 기도》라는 책에 보면 이런 내용이 나온다.

오십시오. 고뇌와 고통과 비참함을 가지고, 당신은 위로를 얻을 것입니다.
오십시오. 아프고 병든 이여, 당신은 나음을 입을 것입니다.
오십시오. 사랑으로 당신을 품어주기 원하시는 아버지의 품으로 나아오십시오.
오십시오. 가난한 이여, 방황하는 양들이여, 참 목자에게 돌아오십시오.
오십시오. 죄인들이여, 당신의 구세주에게 오십시오.
오십시오. 영적 지식이 보잘것없다고 느끼는 이여, 당신도 능력 있는 기도를 할 수 있습니다. 오십시오. 차별의 골을 넘어 누구든지 오십시오. 예수께서는 우리 모두를 부르십니다.

우리는 이 하나님의 초청에 응한 사람이다. 우리를 초청하신 분이 사람이 아닌 것에 감사하자. 우리를 초청해서 부르신 분이 주 예수님이시다. 그분은 우리의 모든 필요를 채우시기에 합당하시다. 그러므로 우리는 그분의 초청에 응하여 그분 안에서 맘껏 그분이 주시는 풍성함을 누려야 한다.

그리스도 안의 충만함

우리는 우리를 부르신 그리스도께서 제한적이라고 생각해서는 안 된다. 그분께서는 아무 제한도 없으시고 더할 나위 없이 풍성하며 아무 부족함이 없으시기 때문이다. 골로새서 2장 2-3절에 "이는 그들로 마음에 위안을 받고 사랑 안에서 연합하여 확실한 이해의 모든 풍성함과 하나님의 비밀인 그리스도를 깨닫게 하려 함이니 그 안에는 지혜와 지식의 모든 보화가 감추어져 있느니라"라고 기록되어 있다. 기억하자! 그리스도 안에는 모든 풍성함이 있으며 지혜와 지식의 모든 보화가 감추어져 있다. 그 안에는 충만한 사랑이 있고, 값없이 주어진 은혜가 있으며, 용서와 긍휼함이 있고, 평안이 있고, 세상을 이길 힘이 있고, 모든 것을 다 이룰 수 있는 능력이 있다.

그렇다면 주님께서 우리를 부르신 목적이 무엇일까? 그 안에 있는 모든 충만함을 그분을 믿는 자들과 함께 누리길 원해서다. 요한복음 16장 33절을 보면 "이것을 너희에게 이르는 것은 너희로 내안에서 평안을 누리게 하려 함이라" 말씀하고 있다. 주님은 그분 안에 있는 평안을 우리로 하여금 누리기를 원하셔서 우리를 불렀다는 것이다. 주님은 우리를 불러 우리가 주 안에 있는 기쁨을 누리고, 그분 안에 있는 영생을 누리고, 그분 안에 있는 자비를 얻고, 긍휼을 얻고, 능력과 힘을 얻기를 원하신다는 것이다.

이러한 주님의 부르심의 목적을 발견했던 하나님의 자녀들은 이 땅에 있는 동안 이 땅의 것보다는 오직 한 분 그리스도를 구하며, 그분이 주신 것으로 그분을 위하여 불꽃같은 삶을 살았던 것이다.

사랑하는 형제여! 주님께서 우리를 초청하신 것은 결코 우리가 빈곤에 처하기 위해서가 아니다. 그리고 형편이 좋아지면 도움이 되고, 형편이 나빠지면 멀리하기 위함도 아니다. 그분은 "누구든지 목마르거든 내게로 와서 마시라"고 하는 분이시다. 그러므로 우리는 그분에게로 나아가, 그분을 구해야 한다. "주 예수님! 저는 주님을 원합니다. 주님만을 더 알기를 원하고, 주님 안에 온전히 거하기를 원합니다. 주님 안에 있는 모든 것을 마음껏 누리기를 원합니다."라고 기도해야 하는 것이다.

주님의 보호하심

우리를 하나님의 자녀가 되게 하신 분이 하나님이시며, 또한 우리를 부르셔서 그리스도 안에 있는 충만을 누리길 원하시는 분이 주님이심을 보았다. 그러나 이뿐만이 아니다. 주님은 그분에게로 오는 자들을 절대 멀리하시거나 그 누구에게도 빼앗기지 않으신다. 요한복음 10장 28절을 보라. "내가 그들에게 영생을 주노니 영원히 멸망하지 아니할 것이요 또 그들을 내 손에서 빼앗을 자가 없느니라." 주님은 그분 앞에 나오는 자들에게 영생을 주실 뿐 아니라, 영원히 멸하지 아니할 것이라고 말씀하시고, 그분의 손에서 빼앗을 자가 없을 것이라고 약속하셨다. 이 말씀을 하신 분이 사람이라면 "장담하지 마시오."라고 말할 수 있을 것이다. 그러나 이렇게 말씀하신 분은 하나님이시다.

어떤 사람은 이렇게 생각한다. 주 예수를 믿고 죄를 범하고, 잘못된 길로 빠지면 "이제 하나님은 나를 기억하지 못하실 것이다. 하나님은 틀림없이 나를 버리신 것이다."라고 말이다. 하지만 그렇지 않다. 주님은 우리가 그러한 잘못된 생각에 사로잡혀 있을 때에도 우리를 버리지 않으시고 기억하고 여전히 사랑하고 계시며, 또한 우리를 그 잘못된 길에서 구원하시기 위하여 길을 내신다.

우리는 주님을 버리지 않고 끝까지 따르겠다던 베드로를 기억한다. 그는 주님께서 "너희가 다 나를 버리리라."고 하셨을 때 베드로는 "모두 주를 버릴지라도 나는 결코 버리지 않겠나이다."라고 대답했다. 그러나 주님께서 십자가를 지시기 위하여 잡히시자, 베드로는 주님의 예언대로 주님을 부인하고 말았다. 그는 주님을 모른다고 부인했을 뿐 아니라, 주님을 저주하기까지 했다. 그러나 주님은 이런 베드로를 버리지 않으셨다. 주님은 베드로의 잘못을 생각하게 하시고 회개하게 하셨다. 그리고 부활하신 뒤에 그에게 찾아오셔서 여전히 주님께서 베드로를 사랑하신다는 사실을 보여주셨다.

어린 자녀들이 잘못했다고 해서 자녀에게 "너는 더 이상 내 자녀가 아니다."라고 말하는 부모가 있는가? 없을 것이다. 사람도 그러한데 하나님은 더욱 그렇게 하시지 않는다. 우리가 세상을 통과하는 동안 때로는 넘어지고 쓰러진다 할지라도 하나님은 그 자녀를 결코 버리시지 않으신다. 그에게 주신 영생을 다시 거두어 "나는 너를 모른다."라고 하지 않으신다. 여전히 사랑하시고 여전히 함께하신다. 이 사실을 믿는 자는 하나님의 보호하심의 손길을 체험하게 될 것이다.

요한복음 10장 29절을 보라. "그들을 주신 내 아버지는 만물보다 크시매 아무도 아버지 손에서 빼앗을 수 없느니라."

하나님 아버지는 어떤 분이신가? "내 아버지는 만유보다 크시다"라고 하셨다. 모든 것은 만유 안에 포함되어 있다. 모든 피조물, 천사들, 악한 영들, 모든 인간. 당신과 나까지도 그 안에 포함되어 있다. 그리고 주님이 아버지 손에서 빼앗을 자가 없다고 하셨는데, 만일 누군가 빼앗을 자가 있다면 그가 아버지보다 크다는 뜻이다. 그러나 그런 일은 있을 수 없다. 왜냐하면 하나님 아버지께서 만유보다 크시기 때문이다. 주님은 믿는 우리에게 이토록 귀한 약속을 하셨다.

사람이 할 수 있는 것

그렇다면 우리가 할 수 있는 것은 무엇인가? 주님의 약속을 믿는 것이다. 주님은 우리에게 말씀하셨다. 약속하셨다. "나를 믿는 자들은 멸망하지 아니할 것이요, 누구도 그들을 내 손에서 빼앗을 자가 없다"라고 하셨고, 또 주님은 "내 아버지는 만물보다 크신데, 아무도 아버지 손에서 빼앗을 수 없느니라"라고 하셨다.

그렇다면 우리는 어떻게 해야 하는가? 믿어야 한다. 의심하는 것은 불신이다. 걱정하는 것도 불신이다. 염려하는 것도 불신이다.

생각해보라. 어떤 아버지가 그 자녀에게 "너는 내 아들이다. 이 아빠는 너를 지켜줄 것이다."라고 했는데, 이 아이는 "아빠는 저렇게 말씀하셨지만 내가 잘못하면 나를 버리실지도 몰라."라고 생각하며 불안해한다면 그 아이는 아빠의 말을 믿지 못한 것이다.

어떤 아이의 엄마는 자녀를 학교나 밖에 보내놓고 하루 종일 염려한다. 혹시 내 아들이 나쁜 아이들과 어울리면 어떻게 할까? 혹시 변을 당하면 어떻게 하나? 그래서 늘 초조해하고 불안해한다. 그러나 하나님의 약속을 믿는 하나님의 자녀들은 모든 염려에서 벗어나야 한다. 두려움에서 벗어나야 한다.

시편 91편 1-6절을 보라. "지존자의 은밀한 곳에 거주하며 전능자의 그늘 아래에 사는 자여, 나는 여호와를 향하여 말하기를 그는 나의 피난처요 나의 요새요 내가 위로하는 하나님이라 하리니 이는 그가 너를 새 사냥꾼의 올무에서와 심한 전염병에서 건지실 것임이로다 그가 너를 그의 깃으로 덮으시리니 네가 그의 날개 아래에 피하리로다 그의 진실함은 방패와 손 방패가 되시나니 너는 밤에 찾아오는 공포와 낮에 날아드는 화살과 어두울 때 퍼지는 전염병과 밝을 때 닥쳐오는 재앙을 두려워하지 아니하리로다."

사랑하는 형제여! 하나님이 우리를 택하셨다. "너희가 나를 택한 것이 아니요 내가 너희를 택하여 세웠나니"(요 15:16). 그렇다면 그분이 마땅히 우리를 책임져주셔야 한다. 우리에 대한 책임이 주님께 있다. 그래서 그 주님은 "내 손에 빼앗을 자가 없다 하시고, 아버지 손에서 빼앗을 자 없다"라고 하신 것이다. 그러므로 이 약속 위에 굳게 서야 한다. 우리가 어떠한 잘못이나 연약함 가운데 있다 할지라도 주님은 이런 것 때문에 "나를 버리실 분이 아니시다. 나는 여전히 하나님의 자녀다. 그분은 나를 여전히 사랑하고 계신다."라는 믿음 위에 서야 한다. 그리고 그분이 원하시는 길을 계속해서 가야 한다. 이것이 하나님의 자녀들의 길이다.

그리스도의 섬김

사람의 생각

보편적인 사람의 의식에는 낮은 자가 큰 자를 섬겨야 한다고 생각한다. 그러나 성경은 그렇게 말씀하고 있지 않다. 언젠가 어느 형제에게 "하나님의 나라는 큰 자가 작은 자를 섬기는 것입니다."라고 했더니, 그 형제는 슬픈 기색을 지었다. 이 땅에서 자신은 작은 자가 되어 섬기고 있는데, 하나님의 나라 안에서 또 섬기는 일을 해야 한다면 그것은 슬픈 일이 아닌가 하고 생각했다는 것이다. 이것이 우리가 갖는 일반적인 의식이다.

그러나 주님은 우리에게 큰 자, 으뜸이 되고자 하는 자가 섬겨야 한다고 말씀하신다. 많은 그리스도인들의 의식 속에도 우리가 그리스도인이 된 뒤에 우리가 주님을 섬긴다고 생각하고 있지만, 사실은 큰 자이신 그리스도 그분이 우리를 섬기고 계신다는 것을 모른다. 우리가 주님을 섬기는 것은 정말 작은 것이다. 그분께서 우리를 섬겨주셨기 때문에 비로소 우리가 조그마한 것으로 그분을 섬기는 것뿐이다. 우리가 그분을 섬기는 것은 그분께서 우리를 섬겨주신 것에 비하면 너무 작은 것이다. 또 아무것도 아닐 수도 있다. 그렇다면 그분은 우리를 어떻게 섬기셨고, 또한 섬기고 계시는가?

우리를 섬기는 주님

마가복음 10장 45절을 보라! "인자가 온 것은 섬김을 받으려 함이 아니라 도리어 섬기려 하고 자기 목숨을 많은 사람의 대속물로 주려 함이라." 여기에 주님은 분명하게 말씀하신다. 그분께서 오신 목적은 섬김을 받으려 함이 아니라 우리를 섬기려 오셨다는 것이다. 주님은 많은 사람을 섬기러 오셨다.

첫째, 그분은 그분 앞에 나오는 모든 사람을 섬기신다. 그러면 그분께서 이 땅에 계실 때, 그분 앞에 나오는 자들을 어떻게 섬기셨는가? 그분께서 이 땅에 계실 때 얼마나 많은 자들이 그분께로 나왔는가. 그때 그들이 배가 고팠을 때 어떻게 하셨는가? 주님은 그들에게 떡 다섯 개와 물고기 두 마리로 오천 명을 배부르게 하셨다. "예수께서 떡 다섯 개와 물고기 두 마리를 가지사 하늘을 우러러 축사하시고 떡을 떼어 제자들에게 주어 사람들에게 나누어 주게 하시고 또 물고기 두 마리도 모든 사람에게 나누시매 다 배불리 먹고"(마 6:41-42). 주님은 그분 앞에 나오는 자들이 주릴 때 주린 대로 내버려 두시질 않고 모두 배부르게 하셨다. 이뿐 아니다. 어떤 병자라도 그분 앞에 나오면 그들을 뿌리치지 않고 모든 병을 치료하셨다. 하물며 죽은 자도 살려주시기까지 하셨다.

그분께서 우리를 위하여 보여주신 섬김 중에 가장 큰 본이 어디에 나타나있는가? 주님께서 말씀하신 것처럼 "자기 목숨을 많은 사람의 대속물로 주신" 것이다. 이것은 모든 인류를 구원하시기 위하여 죄가 없으신 그분이 기꺼이 사람들의 죄를 사하기 위하여 대속제물로 십자가에서 자신의 몸을 내어주신 것이다. 하나님께서 우리를 사랑하시고 그분께서 우리를 구원하시고자 하셔도, 그리스도의 십자가의 죽으심이 없다면 인류는 구원받을 수 있는 길이 없었다. 따라서 그리스도께서 기꺼이 자신의 목숨을 우리를 위하여 내어주셨기 때문에 우리가 구원받았으며, 모든 사람들이 구원받을 수 있는 길이 열린 것이다. 그분은 자기 목숨으로 사람을 섬기셨다. 때때로 사람들은 우리가 더많이 하나님을 섬기고 있다고 생각한다. 그러나 그리스도는 십자가에서 죽기까지 자기 목숨으로 우리를 섬기셨다. 우리가 죄인되었을 때 그분은 우리를 섬기셨던 것이다.

둘째, 그분은 그분 앞에 나오는 모든 사람들뿐 아니라, 특별히 그분의 제자들을 섬기셨다. 마가복음 6장 45절 이하를 보면, 주님께서 제자들 곁을 떠나 기도하시러 산에 가시고, 제자들은 배를 타고 호수를 건너고 있을 때였다. 그들은 바람이 거스르므로 괴로이 노를 젓고 있었다. 그들은 힘겨운 환경, 여건과 싸우고 있었다. 그러나 주님은 그들을 외면하시지 않으시고 깜깜한 밤 사경에 제자들을 도우러 오셨다. 제자들은 유령인가 두려워하며 소리 질렀다. 그때 주님은 "나다"라고 하셨다. "나다"는 무슨 뜻인가? 만약 어떤 사람이 문을 두드릴 때 집에 있는 사람이 누구냐고 물을 때, 문을 두드린 사람이 "나다"라고 한다면 그 사람은 집안에 있는 사람이 잘 아는 사람일 것이다. 그래야만 "나다"라는 음성을 식별하기 때문이다. 이처럼 주님은 우리와 매우 익숙하고 친숙한 사랑의 관계에서 우리를 기꺼이 도우신다. 우리가 극복할 수 없는 환경과 여건을 만나 괴로워할 때, 주님은 우리에게 다가와 "나다"라고 하시며 우리를 그 환경과 여건에서 구원하시는 것이다. 이처럼 주님은 그분 앞에 나오는 사람들뿐 아니라, 특별히 그분을 믿고 따르는 자들을 섬기신다.

우리는 주님께서 당시에 제자들뿐만 아니라 오늘날 그분을 믿는 모든 자들을 섬긴다는 것을 보아야 한다. 요한복음 14장 18절에서 주님은 약속하셨다. "내가 너희를 고아와 같이 버려두지 아니하고 너희에게로 오리라." 주님은 그분의 약속대로 지금 우리 가운데 성령으로 와 계신다. 우리 가운데 와 계신 그분은 여전히 우리를 섬기고 계신다. 요한복음 10장 28절을 보라! "내가 그들에게 영생을 주노니 영원히 멸망하지 아니할 것이요 또 그들을 내 손에서 빼앗을 자가 없느니라." 주님은 그 누구도 그분을 믿는 자들을 그분의 손에서 빼앗아가지 못하도록 섬기시고 계신다.

어느 부부가 있었다. 어느날 사고가 나서 아내가 거의 실명하게 되었다. 남편은 아내의 눈이 되어, 그녀가 출근할 때마다 항상 손을 잡고 버스에 태워주고는 출근을 했다. 몇 개월이 지난 뒤에, 남편은 아내에게 "이제부터 당신 혼자서 버스도 타고 외출도 해보라"고 권했다. 그녀는 그렇게 말하는 남편이 너무나 야속했다. 그래도 할 수 없이 혼자서, 버스정류장까지 걸어가서 넘어지고 때로는 눈물을 흘리면서 버스를 타고 출근도 하고 외출도 했다. 그러던 중, 어느 날 그 부인이 버스를 타는데, 그 버스 기사가 이렇게 말하더라는 것이다. "부인은 참으로 좋은 남편을 두어서 행복하겠습니다." 그래서 "왜 그러냐?"고 물었더니, 그 버스 기사가 이렇게 말하는 것이 아닌가. "부인이 버스를 탈 때마다 항상 남편이 뒤를 따라오면서 부인이 버스 타는 것을 보고, 뒤에 손을 들어 잘 다녀오라고 하니 말입니다." 이 말을 듣는 순간, 이 부인은 남편이 자신을 돌보지 않고 홀로 내버려 두었다고 생각했는데, 여전히 자

신을 지켜보고 있다는 사실을 알고 감격의 눈물을 흘렸다.

　우리 주님은 이보다 더하시다. 우리 주님은 그분을 믿는 자들에게 잠시도 눈을 뗀 적이 없으시고, 그들의 작은 아픔과 신음까지도 듣고 돌보고 계시는 분이다. 우리의 눈앞에 감당하기 힘든 어려움이 찾아올 때, 그때도 주님은 우리와 함께하시며 우리로 하여금 그 어려움을 이겨내게 하신다. 때로는 자신의 연약함과 부족함으로 인하여 눈물을 지으며 괴로워할 때도 주님은 우리와 함께하시며, 위로하고 우리의 연약함과 부족함을 극복할 수 있도록 우리를 이끄시고, 강건하도록 섬기시고 계신다. 우리가 이 땅에 머무는 동안 필요한 것들이 있을 때, 그것을 외면하지 않으시고, 우리의 필요한 모든 것을 반드시 공급하시며 우리를 도우신다. 우리에게 무거운 짐들이 우리를 짓눌러 너무 고통스러울 때, 주님은 우리의 짐을 대신 지시며, 우리의 짐을 벗기시고, 우리에게 안식을 누리게 하신다. 시편 68편 19-20절을 보라! "날마다 우리 짐을 지시는 주 곧 우리의 구원이신 하나님을 찬송할지로다 하나님은 우리에게 구원의 하나님이시라 사망에서 벗어남은 주 여호와로 말미암거니와." 지금도 여전히 우리 주님은 그분을 믿는 자들을 섬기시고 계신다.

장래에서 있게 될 주님의 섬김

주님은 우리를 과거와 현재에서만 섬기는 분이 아니시다. 그분은 장래에 그분의 나라에서까지 우리를 섬기신다. 누가복음 12장 37절을 보자! "주인이 와서 깨어 있는 것을 보면 그 종들은 복이 있으리로다 내가 진실로 너희에게 이르노니 주인이 띠를 띠고 그 종들을 자리에 앉히고 나아와 수종들리라." 이 말씀은 언제 일어날 것인가? 주님께서 재림하실 때 그분의 나라에서이다. 그때에 그분은 그분을 위하여 깨어 있는 종들을 위하여 띠를 띠고, 그 종들의 수고하고 애쓴 모든 것을 위로하시기 위하여, 친히 섬겨주시는 것이다. 이것은 참으로 큰 은혜이다. 우리를 위하여 자신의 목숨까지도 아끼지 아니하신 주님께서 또한 장래에 친히 그분의 허리에 띠를 띠고 그분의 종들을 섬겨주시겠다니! 이것은 어떤 은혜인가? 정말 감당하기 힘든 은혜다. 우리는 한 번 주님께 빚진 자로 값없이 은혜를 받은 자가 되었고, 또한 영원히 주님께 빚진 자로 영원히 은혜를 누리는 사람이 된 것이다.

내가 이 말씀을 묵상할때, 나는 정말 주님께 절로 감사와 찬양이 터졌다. "아! 주님께서 이처럼 부족한 자를! 주님이 아니었더라면 전혀 소망도 가망도 없는 자를! 그분께서 자신의 목숨을 내어주시기까지 섬겨주시고, 이 땅에 머무는 동안 이 모양 저 모양으로 섬겨주시는 것도 부족하여, 왕이신 그분께서 그분의 나라가 임하실 때, 친히 그분이 그분을 믿는 자들을 띠를 띠고 나와 섬겨주시겠다니! 오! 주님 당신께서 베푸신 이 은혜를 어떻게 감당해야 하며, 무엇으로 보답하오리까? 제가 당신께 드릴 수 있는 것은 그저 감사와 찬양뿐입니다."

구원은 그리스도가 먼저 우리를 섬기고 그 다음에 우리가 주님을 섬기는 것이다. 사실 우리가 그분을 섬기는 것은 그분께서 우리를 위하여 섬겨주신 것에 비하면 정말 작은 것이다. 너무나 작은 것이다. 어떻게 보면 아무것도 아닐지도 모른다. 정말 그분은 큰 자로서 작은 자인 우리를 섬기신 것이다. 그러므로 우리가 그분을 섬긴다는 생각에서 벗어나야 하고, 만일 우리가 그분을 섬긴다 할지라도 그분께서 우리를 섬겨주신 것에 비하면 너무나 작은 것이라는 것을 깨달아야 한다. 이것을 아는 성도는 그분께서 우리를 섬겨주심에 정말 아무 말 없이, 그저 감사함으로 그분을 섬기며, "주님, 내가 섬기는 이 섬김은 정말 작은 것입니다. 당신의 섬김에 비하면 아무것도 아닙니다." 하는 고백으로 그분을 섬길 것이다.

누가복음 22장 27절을 보면 주님은 "나는 섬기는 자로 너희 중에 있노라"고 말씀하신다. 우리는 주님이 우리 가운데서 섬기는 자로 계심을 기억해야 한다. 이것이 은혜다. 그분은 극히 큰 자이시기 때문에 사람을 섬기는 것이다. 큰 자일수록 사람을 섬길 줄 알고 작은 자일수록 섬길 줄을 모른다. 아주 작은 자는 아마 한 사람도 섬기지 못할 것이다. 주님은 무한히 큰 자이시기 때문에 사람들을 무한히 섬길 수 있으신 것이다.

기꺼이 주님의 섬김을 받아들이라

우리에게는 우리를 섬기는 주님이 계신다. 우리는 이 땅에 사는 동안 수많은 어려움을 갖고 있다. 우리가 해결할 수 없는 많은 문제들을 안고 있다. 때로는 전전긍긍할 때가 있고 속수무책일 때도 있다. 그때 어떻게 해야 하는가? 주님께 섬길 기회를 드려야 한다. 그분은 우리가 당하는 모든 일에서 능히 우리를 섬길 수 있으신 분이기 때문이다.

요한복음 13장을 보면 주님께서 그 사랑하는 제자들의 발을 씻기시는 사건이 나온다. 주님은 저녁을 잡수시던 자리에서 일어나서 수건을 가져다가 허리에 두르시고 대야에 물을 떠서 제자들의 발을 씻기 시작하셨다. 그때 베드로에게 이르러 그의 발을 씻고자하자, 베드로는 "주여 주께서 내 발을 씻으시나이까"라고 했다. 그러면서 그는 그것을 완강히 거부했다. "절대로 씻지 못하시리이다." 베드로는 그 사랑하는 주님께서 자신의 더러운 발을 씻는 것이 합당하지 않다고 생각했을지도 모른다. 그러나 주님의 대답은 무엇이었는가? "내가 너를 씻어 주지 아니하면 네가 나와 상관이 없느니라."

우리에게 이런 일이 일어날 수 있다. 우리에게 여러 가지 어려움이 찾아오고, 감당하기 힘든 일이 찾아올 때, 그것을 우리 홀로 감당하느라 애쓰고 노력한다면 주님은 칭찬하시는 것이 아니라, 오히려 "너는 나와 상관이 없느니라" 하실지 모른다.

"주님, 어떻게 이 문제를 당신께 맡기고 당신의 섬김을 바라겠습니까?"라고 말하지 말라. 왜냐하면 그분은 우리를 기꺼이 섬겨 주시길 원하시는 분이다. 그분은 우리를 섬기려고 온 분이시다. 우리가 그분에게 섬길 기회를 드리지 않는다면, 그것은 그분을 섭섭하게 하는 일이며, 또한 우리에게는 큰 손실이다. 그러므로 우리는 어떠한 문제가 찾아올 때, 그것을 주님께 맡겨드려, 주님께서 우리를 섬길 수 있는 기회를 드려야 한다.

하나님이 그리스도를 우리에게 주신 목적은 우리를 섬기게 하기 위함이다. 십자가에서 죽으심으로부터 영원까지 그리스도는 우리를 섬기는 분이시다. 그러므로 우리는 이것을 잘 깨닫고 누려야 한다. 베드로처럼 주님께서 섬기고자 하실 때 사양하지 말고, 주님의 제자 요한처럼 주님께서 섬겨주심을 누릴 수 있어야 한다. 그러므로 여러 문제가 있으면 혼자서 고민하지 말라! 혼자서 염려하지 말라! 혼자서 감당하다 견디다 못해 쓰러지지 말라! 주님께 내 드리라! 그분은 우리의 생활에 필요를 채우시고 감당하시고 남음이 있으신 분이다.

그러므로 주님께 섬길 수 있는 기회를 드려라! "주님 이 문제를 당신께서 섬겨주시길 원합니다. 주님 이것은 제가 감당할 수 없습니다. 주님께 맡겨 드리오니, 당신께서 저를 섬겨주시길 바랍니다." 할렐루야! 주님은 기뻐하신다. 주님은 우리를 섬기는 것을 기뻐하신다.

PART
02

주님께 헌신하라

Chapter 06

하나님을 사랑하라

믿는 것과 사랑하는 것

하나님을 믿는 것과 하나님을 사랑하는 것은 다르다. 하나님을 믿게 되면 영생을 얻는다. 죄에서 구원을 받게 된다. 사람에게 유익이 있다. 그러나 하나님을 사랑하면 하나님께 유익이 있다. 오늘날 많은 그리스도인들이 하나님을 믿지만, 하나님을 사랑하지는 않는다.

어느 젊은 형제가 나이 든 형제와 함께 대화를 나누며 이렇게 말했다. "형제님은 이미 세상의 즐거움을 다 누리셨기 때문에 그 것을 포기할 수 있겠지만 저는 그럴 수 없습니다."

이 젊은 청년은 하나님을 믿지만 하나님을 사랑할 줄 모르는 것이다. 우리는 하나님을 믿는 자들이다. 성경에 아들을 믿는 자에게는 영생이 있다고 말한다. 영원한 생명을 얻는 것은 믿는 것으로 족하다. 분명히 성경은 힘써 믿으라, 마음을 다하여 믿으라고 말하고 있지 않다. 다만 믿은 것으로 영생을 얻는다고 말한다. 그러나 하나님을 사랑하는 것은 다르다. 하나님을 사랑하는 것은 마음과 목숨과 뜻을 다해야 한다. 마태복음 22장 37절에 주님께서 뭐라고 하셨는가? "네 마음을 다하고 목숨을 다하고 뜻을 다하여 주 너의 하나님을 사랑하라 하셨으니." 그러므로 우리는 하나님을 믿는 것과 그분을 사랑하는 것은 차이가 있음을 알아야 한다. 우리는 하나님을 어떻게 사랑해야 하는가? 마음을 다하고 목숨과 뜻을 다해서 하나님을 사랑해야 한다.

하나님을 사랑하면

그렇다면 우리가 하나님을 사랑하면 어떻게 되는가?

첫째, 형제를 사랑하게 된다. 요한일서 4장 20절을 보자. "누구든지 하나님을 사랑하노라 하고 그 형제를 미워하면 이는 거짓말하는 자니 보는 바 그 형제를 사랑하지 아니하는 자는 보지 못하는 바 하나님을 사랑할 수 없느니라." 하나님을 사랑하는 자는 그 형제를 사랑한다는 것이다. (여기서 말하는 형제는 혈육의 형제가 아니라 그리스도 안에서 믿는 형제이다.) 그러므로 그 사람이 정말 하나님을 사랑하는지 사랑하지 않는지는 형제를 사랑하는지를 보면 알 수 있는 것이다.

어떤 자매가 이런 말을 했다. "목사님, 저는 다른 사람은 다 사랑할 수 있는데, 내 아이의 아빠만큼은 사랑할 수 없습니다." 그래서 내가 "자매님, 남편도 하나님을 믿는 사람이고, 하나님의 형상이 있습니다. 정말 하나님을 사랑하는 사람은 형제를 사랑합니다."라고 했더니, "목사님, 그래도 저는 남편을 사랑하기 싫습니다."라고 말하는 것을 보았다. 이 자매는 하나님을 믿어 영생을 얻었는지는 모르지만 하나님을 사랑하는 것이 아니다. 왜냐하면 하나님을 사랑한다면 반드시 하나님을 믿어 주 안에서 같은 형제와 자매된 자를 사랑하게 되어 있기 때문이다.

중국에 어느 한 형제가 있었다. 그는 자신의 아버지를 죽인 자를 찾아서 복수하겠다고 여러 곳을 찾아다녔다. 그런데 주일날 성만찬 모임 때 자신의 옆에 한 남자가 앉았는데, 알고 보니 그 남자가 자신의 아버지를 죽인 사람이었다. 그래서 그는 어떻게 해야 하는지 잠시 그 자리를 떠서 주님께 기도했다. "주님, 어떻게 해야 합니까? 드디어 찾았는데, 복수를 해야 합니까?" 그때 그 형제에게 하나님의 사랑이 임했다. "내가 너를 위하여 내 모든 것을 버렸다." 그 형제는 두 눈에 흐르는 눈물을 주체할 수 없었다. 그리고 다시 자리로 돌아와, 자신의 아버지를 죽인 그 형제와 함께 떡을 떼며 "당신은 주님 안에서 나의 형제입니다."라고 말했다.

우리 안에 하나님의 사랑이 있어야 한다. 우리는 그 사랑으로 다른 형제를 사랑해야 한다. 그리스도를 믿어 그 안에 아들이 생명이 있다면 그 형제가 아무리 부족하고 허물이 많다고 할지라도 주 안에서 나의 형제라는 인식이 있어야 한다. 하나님을 사랑하는 자는 형제를 사랑하기 때문이다.

둘째, 하나님을 사랑하는 자는 하나님의 계명을 지킨다. 요한일서 5장 2-3절을 보자. "우리가 하나님을 사랑하고 그의 계명들을 지킬 때에 이로써 우리가 하나님의 자녀를 사랑하는 줄을 아느니라 하나님을 사랑하는 것이 이것이니 우리가 그의 계명들을 지키는 것이라 그의 계명들은 무거운 것이 아니로다." 여기서 하나님을 사랑하는 것이 무엇이라고 했는가? 그의 계명들을 지키는 것이라고 했다.

하나님을 사랑하게 되면 하나님의 말씀을 가까이하게 되고, 그 말씀에 귀를 기울이고, 그 말씀을 행하게 된다. 시편 1편을 보면 복이 있는 사람은 오직 여호와의 율법을 즐거워하여 그의 율법을 주야로 묵상한다고 한다. 하나님의 말씀을 즐거워하고 그 말씀을 늘 생각하면서 지키는 자는 복이 있다는 것이다.

하나님을 사랑하는 나이 든 형제 한 분이 있었다. 그 형제의 삶이 궁금하여 그를 찾아가 이런 질문을 했다. "형제님은 어떻게 하나님을 사랑합니까?" 그러자 그 나이 든 형제는 "저는 하나님을 말씀을 가까이합니다. 저에게 가장 큰 즐거움은 하나님의 말씀을 묵상하며 그 말씀을 지키는 것입니다."라고 말했다.

우리 시대에 정말 필요한 것이 무엇인가? 매스컴의 발달로 말씀의 사역들이 많아졌지만, 정말 필요한 것은 그 말씀을 지키는가이다. 누가 하나님의 사랑 안에 거하는가? 하나님의 말씀을 지키는 자다. 요한복음 15장 9-10절을 보면 "아버지께서 나를 사랑하신 것 같이 나도 너희를 사랑하였으니 나의 사랑 안에 거하라 내가 아버지의 계명을 지켜 그의 사랑 안에 거하는 것 같이 너희도 내 계명을 지키면 내 사랑 안에 거하리라."고 하셨다. 주님은 우리에게 하나님 아버지의 사랑하심을 보여주셨는데, 그것은 하나님의 계명을 지킴으로 보여주신다. 그러므로 우리도 주님의 사랑 안에 거하기 위해서는 그분의 말씀을 지켜야 한다. 하나님의 사랑이 우리 속에 있다면 아무리 어려운 명령일지라도 우리는 능히 그것을 지킬 수 있다. 하나님을 사랑하면 어떤 것도 장애가 되지 않고 하나님의 말씀을 지킬 수 있다. 또 핍박을 두려워하지 않게 되고 사람의 판단이나 명성에 좌우되지 않고 하나님의 말씀을 따를 수 있게 된다.

셋째, 하나님을 사랑하는 자들은 장래에 예비 된 복을 알게 된다. 고린도전서 2장 9-10절에 "기록된 바 하나님이 자기를 사랑하는 자들을 위하여 예비하신 모든 것은 눈으로 보지 못하고 귀로 듣지 못하고 사람의 마음으로 생각하지도 못하였다 함과 같으니라 오직 하나님이 성령으로 이것을 우리에게 보이셨으니 성령은 모든 것 곧 하나님의 깊은 것까지도 통달하시느니라."라고 말씀하고 있다. 우리는 여기서 무엇을 알 수 있는가? 하나님이 그분을 믿는 자들에게 예비하신 것은 영생이며 구원이지만 이 말씀을 통해 하나님은 하나님을 사랑하는 자들에게 예비하신 것이 장래의 복이라고 하신다. 이 장래의 복은 오직 하나님을 사랑하는 사람만이 알 수 있다. 이 복은 우리의 눈으로 보지 못하는 것으로서, 어떤 사람이 아무리 좋은 것을 보았다 하더라도 이 복만은 못하다. 또한 이 복은 사람의 귀로도 듣지 못한 것으로서, 사람들이 아무리 좋은 것을 들었다 해도 이것만은 못하다. 또한 이것은 마음으로도 생각하지 못한 것이므로 사람들의 생각에 아무리 좋은 것도 이 복과는 비교할 수 없다. 이것은 오직 하나님을 사랑하는 자들에게만 하나님의 영을 통하여 우리에게 보이시는 것이다.

우리가 많은 그리스도인을 만나 교제를 하다 보면 알 수 있는 것이 무엇인가? 각 사람의 영적인 깊이가 다르다는 것이다. 어떤 사람은 믿음의 초보이고, 어떤 사람은 믿음이 성숙하다. 어떤 하나님의 자녀들은 미래의 복을 미리 깨닫고 그것을 위하여 살고 있음을 알 수 있다. 또 하나 알 수 있는 것은 하나님은 장래의 복에 대해서 그분을 사랑하는 자들에게만 보이신다는 것이다.

우리는 크고 유명한 곳에 가야 하나님을 섬기는 사람을 볼 수 있을 거라고 생각한다. 그러나 하나님은 외딴 곳, 세상과 분리된 곳에서 간절히 하나님을 찾고 하나님을 사모하는 사람들에게 그분의 미래에 대해서 보이셨다. 우리가 잘 알고 있는 요한계시록은 요한에 의해 쓰였다. 그는 밧모섬이라는 곳에 유배를 당하여 그곳에서 성령의 감동하심을 입었고 하나님께서는 장래의 일을 그에게 보이셨다. 또한 교회 역사를 보면 하나님은 하나님을 정말로 사랑하는 자들에게 장래의 복을 보이셨다. 야고보서 1장 12절을 보면 "시험을 참는 자는 복이 있나니 이는 시련을 견디어 낸 자가 주께서 자기를 사랑하는 자들에게 약속하신 생명의 면류관을 얻을 것이기 때문이라"고 말한다. 우리는 생명의 면류관을 얻기 위하여 많은 수고를 해야 한다고 생각한다. 하지만 주님은 그분을 사랑하는 자들에게 생명의 면류관을 주시겠다고 약속하셨다.

그러므로 우리는 주님을 사랑해야 한다. 우리가 주님을 믿었다면 이제는 그분을 마음을 다하고 뜻을 다하고 목숨을 다하여 사랑하고자 해야 한다. 그때 하나님은 그 사랑하는 자들에게 예비된 장래의 복을 주실 것이다.

넷째, 하나님을 사랑하는 자들은 사람의 영혼의 문제를 염두에 둔다. 주님을 사랑한다면서 사람의 영혼에 무관심하다면 그는 주님을 사랑하는 사람이 아니다. 주님을 뜨겁게 사랑하는 자는 당연히 영혼에 관심을 갖고 그들에게 하나님의 말씀을 전하고 하나님의 말씀을 먹이며, 그들을 돌보게 된다.

요한복음 21장 15절 이하를 보라. 주 예수님께서 십자가에서 죽으시고 다시 부활하신 뒤에 제자들과 함께하셨다. 그 자리에는 주님을 절대 배신하지 않겠다던 베드로도 함께했다. 사실 베드로는 통회하며 회개했지만 주님과 함께하는 것이 어색했을 것이다. 그러나 주님은 베드로에게 뭐라고 물으셨는가? "요한의 아들 시몬아 네가 이 사람들보다 나를 더 사랑하느냐." 그때 베드로는 이렇게 대답했다. "주님, 그러하나이다. 내가 주님을 사랑하는 줄 주님께서 아시나이다." 베드로는 주님을 사랑한다고 고백했다. 그러자 주님은 그러한 베드로에게 "내 어린양을 먹이라"고 하셨다. 우리가 주님을 사랑하면 사람의 영혼에 무관심할 수가 없다는 것이다.

얼마전 참 가슴 아픈 일이 있었다. 한 남자가 죽음을 맞이했다. 그는 아내 없이 두 자녀와 함께 사는 형제였다. 전도하기 위해 몇 번 만나서 대화를 나누기도 하고 복음을 전하기도 했다. 그때마다 형제는 "목사님, 다음에 믿겠습니다. 지금은 아직 때가 아닌 것 같습니다."라고 하며 예수 믿기를 미뤘다. 이 형제는 삶이 힘들고 지쳤는지 술을 마시는 일이 잦았다. 그에게 복음을 전하면 그를 돌보아야겠다는 마음은 갖고 있었지만 그를 사랑하지는 못한 것 같다. 그런데 그 형제가 세상을 떠난 것이다. 이 일로 인해 얼마나 마음이 아팠는지 모른다. "주님, 제가 좀 더 그에게 관심을 가졌더라면…." 하는 마음이 들었다.

중국 대륙에서 수많은 사람들에게 복음을 전했던 허드슨 테일러는 함께 일할 동역자를 면접하는 자리에서 이렇게 질문했다. "당신은 어떻게 이 일을 지원하게 되었습니까?" 그러자 많은 사람들은 "하나님의 뜻입니다." "하나님의 소명입니다."라고 했다. 그때 허드슨 테일러는 이렇게 말했다. "하나님을 사랑하지 않으면 아무것도 할 수 없습니다."

가장 먼저 하나님을 사랑하지 않으면 중국의 수많은 영혼들에게 관심을 가질 수 없다는 것이다. 하나님을 사랑하는 자들에게는 영혼에 대한 부담이 있다. 내 주변, 내 이웃, 내가 만나는 사람들의 영혼에 대한 부담이 있다.

사랑하는 형제들이여! 주님을 뜨겁게 사랑하고, 그 사랑의 능력에 힘입어 영혼에 관심을 갖기를 바란다.

하나님은 우리를 어떻게 사랑하시는가

우리가 왜 하나님을 사랑해야 하는가? 이는 하나님이 우리를 사랑하셨기 때문이다. 갈라디아서 2장 20절에는 "나를 사랑하사 나를 위하여 자기 자신을 버리신 하나님의 아들을 믿는 믿음 안에서 사는 것이라."라고 말하고 있다. 하나님의 아들이신 주님께서 우리를 사랑하셔서 자신을 버리셨다는 것이다. 누가 우리를 위하여 자신을 버릴 수 있겠는가? 오직 한 분이신 하나님의 아들만이 그렇게 했다. 또 로마서 5장 8절을 보자. "우리가 아직 죄인되었을 때에 그리스도께서 우리를 위하여 죽으심으로 하나님께서 우리에 대한 자기의 사랑을 확증하셨느니라." 하나님은 우리를 위하여 그리스도를 죽게 하심으로 우리를 어떻게 사랑하시는지를 나타내 보이셨다는 것이다. 우리를 주님 안에서 같은 형제와 자매가 되게 하기 위하여 하나님은 그 사랑을 나타내 보이신 것이다. 이 외에 성경의 수많은 곳에서 하나님은 우리를 어떻게 사랑하셨는지를 말씀하고 있다. 그 사랑은 한마디로 십자가이다. 하나님께서 우리를 사랑하심으로 우리를 위하여 십자가에서 죽으신 것이다. 이것이 하나님의 사랑이다. 하나님의 사랑은 십자가를 떠나서 있을 수 없다.

하나님께서는 우리가 그분의 사랑을 잊지 않고 기억하길 원하시지만, 우리는 잘 알지 못한다. 초대 교회에서는 만찬식을 매 주일마다 했다. 모일 때마다 그들은 함께 떡을 떼고, 함께 주님의 피를 마셨다. 주님께서 그렇게 하라고 하신 이유가 어디에 있는가? 그것은 주님이 십자가에서 죽으심을 잊지 말고 기억하라는 것이다. 다시 말해서 "네가 너희를 사랑하여 십자가에 죽었다. 이것을 기억하라."는 것이다. 우리는 하나님께서 우리를 얼마나 사랑하셨는지를 잊지 말아야 한다. 늘 기억해야 한다. 우리가 그분의 사랑을 기억한다면 우리도 그분을 늘 사랑할 수 있다.

그렇다면 우리가 어떻게 주님을 사랑할 수 있는가? 누가복음 7장 47절을 보자. "이러므로 내가 네게 말하노니 저의 많은 죄가 사하여졌도다 이는 저의 사랑함이 많음이라 사함을 받은 일이 적은 자는 적게 사랑하느니라." 만일 우리의 죄가 어떻게 용서받았는가를 기억한다면 우리는 주님을 사랑하지 않을 수 없게 된다. 만일 우리가 십자가에 감동받지 못한다면 우리는 이미 타락했는지 모른다. 이반 로버츠는 자신이 십자가에 감동되지 못하자 하나님께서 자신을 감동시키실 때까지 몇 개월 동안 울었다고 한다.

우리는 하나님의 사랑에 감동되어 하나님을 사랑해야 한다. 마음을 다하고 목숨을 다하고 뜻을 다해야 한다. 그렇다면 하나님은 그분을 사랑하는 자들에게 더 풍성하고 더 많은 영광을 보여주실 것이다. 하나님을 사랑하는 것은 그분을 위한 것이다. 우리는 믿음으로 시작해서 그분을 위하는 데까지 진보하여야 한다.

Chapter 07 그리스도의 마음을 가짐

믿는 이 안에 거하시는 그리스도

사람을 지으신 분은 하나님이시다. 그분은 사람을 지으실 때 하나님의 형상과 모양으로 지으셨다. 그리고 그 안에 생명을 두길 원하셨다. 그래서 하나님은 사람을 지으시고 에덴동산에 두셨다. 에덴동산에는 아름답고 먹기 좋은 나무들중에 생명나무도 있었다. 하나님은 사람이 생명나무의 열매를 먹음으로 영원한 생명을 갖길 원하셨다. 그러나 사탄이 하나님의 계획을 방해해서 사람은 생명과가 아닌 선악과를 먹고 오히려 하나님께 범죄하고 말았다.

그렇다면 하나님은 그분의 계획을 포기하셨는가? 그렇지 않

다. 하나님은 그 아들, 예수 그리스도를 이 세상에 보내서 그분의
뜻을 이루셨다. 하나님은 사람에게 영생을 주시기 위하여 예수
그리스도를 이 땅에 보내셨다. 그리스도는 십자가에서 죽으시고
부활하심으로 생명을 주시는 영이 되셨다. "기록된 바 첫 사람 아
담은 생령이 되었다 함과 같이 마지막 아담은 살려주는 영이 되었
나니"(고전 15:45). 그리고 생명을 주시는 영이신 그분이 성령 안에
서 연합하여 예수 그리스도를 믿고 영접한 자들 안에 거하고 계신
다. 하나님은 그분의 뜻을 마침내 이루신 것이다.

우리 안에 거하시는 그리스도

그렇다면 하나님은 왜 그리스도를 우리 안에 두시길 원하셨
는가? 우리가 하나님을 섬기고 그분의 뜻대로 살 수 있기 때문이
다. 한 번 생각해보기 바란다. 그리스도가 우리 안에 거하시기 전
에 우리는 어떤 삶을 살았는가? 하나님을 섬기고 그분의 뜻을 따
라 살았는가? 아니다. 우리는 그리스도가 없을 때 너무나 비참하
고 참담했다. 에베소서 2장 2-3절이 잘 말해주고 있다. "그때에 너
희는 그 가운데서 행하여 이 세상 풍조를 따르고 공중의 권세 잡
은 자를 따랐으니 곧 지금 불순종의 아들들 가운데서 역사하는 영
이라 전에는 우리도 다 그 가운데서 우리 육체의 욕심을 따라 지

내며 육체와 마음이 원하는 것을 하여 다른 이들과 같이 본질상의 진노의 자녀이었더니."

우리는 이 세상의 풍조를 따랐다. 세상이 흘러가는 대로 그 세상을 따라 살았다. 그리고 공중의 권세 잡은 자, 즉 마귀를 따라 살았다. 마귀가 유혹하는 대로, 마귀가 시키는 대로 그것을 좇으며 살았다. 그 결과 우리는 어떠했는가? 안식이 없었다. 늘 쫓기고 불안한 삶을 살아왔다. 그리고 세상에서 실패하고 찢기고 낙심하고 좌절해왔다.

그러나 우리가 그리스도를 만난 뒤에는 어떠한가? 우리의 삶의 몇 가지만이 변화된 것이 아니다. 우리의 삶의 근본이 변화되었다. 생명이 바뀐 것이다. 우리 안에 하나님의 생명이 찾아왔기 때문이다. 지금까지 죄의 생명으로 살던 우리가 그리스도를 만난 뒤 죄를 멀리하는 하나님의 생명으로 살게 된 것이다. 조그만 일에도 좌절하고 탄식하던 생명이 아니라, 감사와 기쁨이 넘치는 생명으로 살게 된 것이다. 누가 우리를 이토록 변화되게 했는가? 하나님께서 우리 안에 그리스도를 두심으로 이루신 것이다.

우리가 즐겨 부르는 "주 예수보다 더 귀한 것은 없네"라는 찬송가가 있다. 그곳에 보면 이런 가사가 나온다. "주 예수보다 더 귀한 것은 없네/ 이 세상 부귀와 바꿀 수 없네/ 영 죽을 내대신 돌아가신 그 놀라운 사랑 잊지 못해/ 세상 즐거움 다 버리고 세상 자랑 다 버렸네/ 주 예수보다 더 귀한 것은 없네/ 예수밖에는 없네."

내가 예수 그리스도를 만나고 난 뒤에 친구 한 명이 나를 찾아왔다. 중고등학교 때 많이 어울려 다녔던 친구였다. 그 친구가 나를 보더니 이렇게 말했다. "자네, 많이 변했네. 그렇게 즐기던 술과 담배를 끊어버리고 오락까지 끊었으니 무슨 낙으로 사는가? 삶에 무슨 재미가 있는가?" 그래서 그 친구에게 이렇게 말했다. "나를 이렇게 변화시킨 것은 내가 아니라, 내 안에 계신 그리스도라네, 나의 가장 큰 기쁨은 예수 그리스도일세."

우리 안에 계신 그리스도가 육체가 원하던 것을 버리게 했고, 이전 것을 버리게 했다. 세상의 부귀와 명예보다 우리 주 예수 그리스도가 더 귀한 것을 알게 했다. 그리스도 안에 참된 소망이 있고 그 안에 기쁨이 있음을 알게 했고 영원한 생명을 알게 했다. 우리가 죄악에서 벗어나 죄를 이길 수 있는 유일한 길도 바로 그리스도 안에 있음을 깨닫게 하셨다.

그리스도의 마음을 가짐

우리에게 큰 변화가 있든 작은 변화가 있든지 예수 그리스도를 믿었다면 그 안에 그리스도가 계신다. 믿는 이 안에 거하시는 그리스도는 참 생명을 가지고 참된 인격을 갖고 계신다. 그분은 우리 안에 거하시며 그리스도의 마음을 갖고 계신다. 우리에게 마음이 있는 것처럼 그분도 마음을 갖고 계신다. 그분은 느끼기도 하시고 감동하시기도 하신다. 그분은 우리 안에서 기쁨을 나타내시고 아픔과 슬픔도 나타내신다. 때로는 주님께서 우리에게 무얼 원하시는지를 알게 하시고, 또 우리가 무엇을 해야 할지도 알게 하신다.

언젠가 주님은 나에게 이것을 깨닫게 하셨다. 새벽 4시쯤 눈을 뜨게 하시고는 그분이 나에게 계심을 느끼게 하셨다. 그분은 성령으로 믿는 자들 안에 거하신다. 비록 영으로 우리 안에 거하시지만 우리처럼 인격이 있어서 마음을 갖고 계신다는 것이다. 그래서 우리 안에 있는 그리스도는 그분의 마음을 통하여 우리로 하여금 그분의 뜻을 나타내신다. 때로는 형제의 헌신을 보면서 그분이 기쁨을 느낄 때 우리 안에 계신 그리스도도 역시 기쁨을 느끼며 우리 안에 기쁨이 있게 하신다. 또 어떤 형제가 연약함에 싸여 죄를 범할 때 그분은 아픔을 느끼고 안타까워하시며 우리 안에 계신 그리스도 역시 안타까워하신다는 것이다. 우리 안에 계시는 그분은 인격을 갖고 계시는 분이시며, 우리의 마음을 통하여 그분의 마음을 나타내시길 원하신다.

고린도전서 2장 16절을 보자. "누가 주의 마음을 알아서 주를 가르치겠느냐 그러나 우리가 그리스도의 마음을 가졌느니라." 무슨 뜻인가? 바울 안에 있는 그리스도께서 그분의 마음을 바울에게 나타내신 것이다. 주님은 당시 고린도교회에서 분쟁이 있음을 아시고 안타까워하셨다. 그 마음을 바울에게 나타내신 것이다. 바울은 그리스도의 마음을 가짐으로 고린도교회를 바로잡기 위하여 그들을 책망했던 것이다. 그 안에 그리스도가 계시고, 그분이 그분의 마음을 우리에게 나타내실 때 우리는 그 마음을 느낀다. 그분이 아픔을 느끼면 우리도 아픔을 느끼고 그분이 기쁨을 느끼면 우리도 기쁨을 느끼는 것이다.

그리스도의 마음의 특징

그렇다면 우리 안에 있는 그리스도의 마음은 어떠한가? 그분의 마음은 우리가 가지는 부패하고 타락된 마음과는 다르다. 우리의 육체의 마음은 시기와 다툼이 있고 진리를 거슬러 거짓말을 한다. 그러나 위로부터 주님에게서 오는 것은 다르다. 야고보서 3장 17절을 보자. "오직 위로부터 난 지혜는 첫째 성결하고 다음에 화평하고 관용하고 양순하며 긍휼과 선한 열매가 가득하고 편견과 거짓이 없나니."

언젠가 어떤 형제가 목사님을 찾아가 이렇게 말했다고 한다. "목사님, 제 마음에 자꾸 아내와 헤어지고 다른 자매와 결혼을 해야한다는 마음이 듭니다." 목사님은 이렇게 말해주었다. "형제님, 그것은 그리스도께서 주시는 마음이 아닙니다. 그것은 사탄으로부터 오는 것입니다. 그리스도께서는 주시는 마음은 성결합니다. 깨끗합니다. 거짓이나 편견을 주시지 않습니다. 지금의 아내와 좋은 관계를 잘 유지하여 행복한 결혼생활을 유지하세요." 그러나 이 형제는 그리스도께서 주시는 마음을 잘못 깨달아 결국 이혼하고 재혼을 했다. 그 결과 매우 불행한 결혼 생활을 하게 되었다.

사랑하는 형제, 자매들이여! 하나님은 거룩하신 분이시며 성결하신 분이다. 그분은 거짓이나 분리가 없으시며 선하신 분이시다. 우리 주님께서 이 땅에 계실 때 그분이 뭐라고 하셨는가?

"나는 선한 목자라 선한 목자는 양들을 위하여 목숨을 버리거니와…."라고 하셨다. 기억하기 바란다. 하나님이 주시는 마음은 항상 순결하고 깨끗하고 다른 사람에게 많은 유익을 준다. 다툼이나 시기를 일으키지 않는다.

그리스도의 마음으로 사는 자들

그리스도인이 누구인가? 그 안에 그리스도가 있는 자들이다. 그리스도가 계시면 반드시 그리스도의 마음이 있다. 그러므로 우리는 그리스도의 마음을 따라 살아야 한다. 그러면 우리는 먼저 무엇을 구해야 하는가? 주님의 마음을 알고자 해야 한다. 주님께 이렇게 구해야 한다. "주님, 우리로 하여금 당신의 마음을 잘 알게 해주시길 원합니다. 우리의 마음이 완악하여지거나 자기중심적이지 않게 해주셔서 늘 주님의 마음을 잘 알 수 있도록 인도해 주시길 원합니다."

흔히들 요즘은 감성의 시대라고 한다. 기업들은 고객에게 감동을 주고자 애쓴다. 고객에게 감동을 주기 위해서는 고객의 마음을 헤아려야 한다. 고객의 마음을 먼저 알아야 고객의 마음을 사로잡을 수 있다. 마찬가지다. 우리 그리스도인은 누구의 마음을 잘 알아야 하는가? 바로 주님이다. 주님은 우리가 당신의 마음을 알고자하면 참으로 기뻐하신다. 우리가 주님의 마음을 알고자 하면 그분은 우리에게 당신의 마음을 기꺼이 나타내신다. 어떤 때는 기도하고자 하는 마음을 주시고, 다른 형제와 자매를 위하여 봉사하고자 하는 마음을 주시고, 주님을 찬양하고자 하는 마음을 주신다. 때로는 어떤 형제를 만나 교제를 해야겠다는 마음을 주시기도 하고, 긍휼의 마음과 기쁨의 마음을 주시기도 한다. 어떤 때에는 우리 안에 무슨 일을 대할 때 뜨거운 마음을 갖게 하셔서 그것이 주님이 기뻐하신다는 마음을 주시거나 주님께서 그것을 싫어하신다는 마음을 주셔서 멀리하게 하실 때가 있다. 그러므로 우리는 그때마다 우리 안에 그리스도께서 계심을 알고 그분의 마음을 잘 알고자 해야 한다.

하나님은 우리 안에 그리스도를 두시길 원하셨다. 그리고 우리로 하여금 그리스도의 마음을 잘 알고 행하길 원하셨다. 예레미야 31장 33절을 보라. "그러나 그날 후에 내가 이스라엘 집과 맺을 언약은 이러하니 곧 내가 나의 법을 그들의 속에 두며 그들의 마음에 기록하여 나는 그들의 하나님이 되고 그들은 내 백성이 될 것이라 여호와의 말씀이니라." 하나님은 일찍이 예레미야 선지자를 통하여 우리 안에 그리스도를 두시고 우리로 하여금 그리스도의 마음을 갖게 하실 것을 말씀하신 것이다. 이제 하나님은 당신의 뜻을 이루셨다. 예수 그리스도께서 우리를 위하여 십자가에 죽으시고 부활하셔서 성령으로 우리 안에 거하심으로 그분의 뜻을 이루신 것이다. 우리는 그리스도를 모셨다. 그렇기때문에 그분은 우리에게 그리스도의 마음을 알게 하신다.

순종하라

하나님께서 그리스도의 마음을 나타내실 때 우리는 어떻게 해야 하는가? 즉시 순종해야 한다. 주님은 우리가 왜 순종하길 원하시는가? 우리에게 고통을 주시거나 손해를 보게 하시기 위함이 아니다. 우리에게 복 주시기 위함이다. 그러나 만일 우리가 순종하지 않으면 우리는 그분의 마음에 둔해질 수밖에 없다. 다시 말하면 하나님께서 그분의 마음을 우리에게서 서서히 거두시는 것이다.

한 자매가 있다. 그 자매에게 복음을 전하고 함께 교제하며 교회에 세워져가기 위하여 여러 가지 노력을 기울여왔다. 그런데 그 자매는 지금까지 우리와 함께하지 못한다. 오히려 믿음이 없는 사람들과 어울리며 조롱하고 있다. 그런 모습을 보면서 어떤 마음이 들겠는가. 점차 우리 안에 그 자매를 향한 마음이 식어가는 것이다. 이처럼 주님도 우리에게 그분의 마음을 나타내시다가 우리가 따르지 않으면 그 마음을 서서히 거두신다. 그러므로 우리는 주님께서 그 마음을 우리에게서 거두시지 않도록 그분이 주시는 마음이 있을 때 즉각 순종해야 한다.

또 우리가 순종하지 않으면 그때부터 마음의 평안이 사라지고 우리 안에 갈등이 있음을 알게 된다. 왜 그리스도인에게 그 안에 평안이 없는가? 그리스도께서 주시는 마음이 있어도 순종하지 않기 때문이다. 그러나 우리가 순종하면 그때 마음이 평안하고 기쁨이 있게 된다.

한 형제가 있었다. 공부를 잘하여 명문대학을 졸업하고 미국의 하버드대학으로 유학을 가게 되었다. 이제 졸업만 하면 학위를 받고 장래가 보장되었다. 그런데 언제부턴가 그 형제 안에는 갈등이 있었다. 하나님께서 "너는 나를 위하여 복음을 전파해야 한다."라는 마음을 주셨던 것이다. 그의 안에는 주님을 위하여 복음을 전해야 한다는 마음이 강하게 일어나기 시작했다. 하지만 그는 학위를 받고 고국에 돌아가면 장래가 보장되는 것을 알고 있었고

그것을 포기하고 싶지 않았다. 이 형제의 마음속에서 이 두 마음이 계속해서 싸웠다. 이 형제는 결국 어떻게 했을까? 주님께서 주시는 마음에 순종하기로 하고 다른 나라로 선교를 하기 위해 떠났다. 그리고 하나님께서 그를 통하여 역사하신 사역을 글로 담아 《내려놓음》이라는 책을 썼다. 이 형제가 순종하였을 때 마음의 갈등이 사라지고 삶의 기쁨과 평안이 찾아왔다. 그러므로 우리도 그리스도께서 그분의 마음을 우리에게 나타내실 때 즉각 순종해야 한다.

또 우리가 순종해야 하는 이유는 무엇인가? 그 순종이 결국 우리를 축복으로 이끌기 때문이다. 하나님께서 우리 교회의 여러 지체들에게 그리스도의 마음을 따라 행하게 하셨다. 어떤 형제에게는 교회의 예배 공간을 위하여 헌신하고자 하는 마음을 주셨고 그 마음을 따라 행하자 하나님은 큰 영광을 받으셨다. 또 어떤 자매에게는 기도회에 참석하고자 하는 마음을 주셔서 기도회에 참석하자 하나님은 그 자매에게 그분의 은혜를 부어주셨다. 또 어떤 자매에게는 믿지 않는 자들을 보면서 그들을 주님께로 이끌기를 원하시는 마음을 주시자 그 마음을 따라 행함으로 여러 지체들이 큰 영적인 유익을 얻게 되었다.

그러므로 그리스도께서 우리에게 그분의 마음을 주실 때 순종하여 하나님의 복을 경험해야 한다. 오늘날 수많은 그리스도인들이 하나님의 영적인 복을 경험하지 못하는 이유가 어디에 있는가? 주님께서 주시는 마음이 있어도 그 마음에 순종하지 못하기 때문이다. 오히려 그 마음을 무시하고 외면한다. 하나님의 복을 경험하길 원하는 자녀는 그때(하나님께서 하나님의 마음을 주실때)가 바로 하나님의 복을 경험할 때임을 깨달아야 한다. 그리스도께서 주시는 마음이 있을 때 즉각 순종하여 하나님의 복을 경험하길 바란다.

Chapter 08 그리스도인의 사랑

그리스도인의 증거

하나님은 예수님을 이 세상에 보내셨다. 예수님은 하나님이시지만 이 세상에 오시기 위하여 사람의 형상, 즉 육신을 입으셨다. 그래서 우리는 예수님을 하나님께서 보내신 자, 그리스도라고 칭한다. 마태복음 16장에 보면 예수님께서 이 땅에 계실 때 그분의 제자들에게 "너희는 나를 누구라 하느냐"라고 물으셨다. 주님의 제자인 베드로가 이렇게 대답했다. "주는 그리스도시오 살아계신 하나님의 아들이시니이다." 예수님을 그리스도라 고백한 것이다. "당신은 하나님께서 우리를 구원하시기 위하여 보내신 메시

아입니다. 구원자이십니다."라는 뜻이다. 예수님은 그리스도이시다. 하나님께서 우리를 죄에서 구원하시기 위하여 보내신 자, 바로 예수님이시다.

그렇다면 그리스도인은 누구인가? 예수님을 믿고 그분을 따르는 자들이다. 우리는 다른 사람 앞에서 "나는 그리스도인입니다."라고 말하는 것은 대단히 중요하며, 또한 책임이 따르는 사실임을 깨달아야 한다. 왜냐하면 우리는 그리스도이신 예수님을 따르기로 한 자들이기 때문이다. 사람들은 우리를 통하여 예수님이 어떠한 분임을 알게 될 것이기 때문이다. 누군가가 "당신을 보니 참으로 예수님을 믿는 그리스도인 같습니다."라고 말한다면 우리는 주님께 영광을 돌려드리는 것이고, "당신을 보니 저는 예수님을 믿고 싶지 않습니다."라고 말하면 우리는 주님의 영광을 가리는 것이다. 그러므로 그리스도인인 우리들은 참으로 책임이 무겁다.

세상의 원칙

세상의 원칙이 무엇인가? 어떠한 일이 '이익이 되느냐 되지 않느냐'이다. 또한 그것이 '옳으냐 옳지 않느냐'이다. 직장에서 일을 해본 사람은 알 것이다. 사업을 추진할 때 이익이 남느냐 남지 않

느냐가 그 일을 결정한다. 그러니까 세상의 원칙은 철저하게 나에게 이익이 되고 유익되어야 한다. 그렇다면 그리스도인의 원칙은 어떠한가? 그 일이 나에게 이익이 되느냐 아니냐, 아니면 그것이 옳으냐 옳지 않느냐로 결정하는 것이 아니다. 기준은 바로 하나님의 말씀이다. 그리스도인의 안에 계시는 성령이 뭐라고 말씀하시는가? 하나님의 말씀인 성경에서 뭐라고 말씀하고 있는가? 이것이 기준이 되는 것이다.

마태복음 5장 44절을 보라. "나는 너희에게 이르노니 너희 원수를 사랑하며 너희를 박해하는 자들을 위하여 기도하라." 여기 "너희의 원수"라고 했는데, 우리의 원수가 누구인가? 우리를 괴롭히는 자들이다. 우리에게 상처를 주고 아픔을 주고, 고통을 주는 자들이다. 그렇다면 우리는 어떻게 해야 하는가? 세상의 원칙에 의한다면 그들을 미워해야 한다. 쳐다보지 않으면 된다. 아니면 그들에게 괴롭힘을 당한 만큼 우리도 그들을 괴롭게 해주면 된다. 그러나 주님은 우리에게 뭐라고 말씀하시는가? "너희를 괴롭히는 자가 있느냐? 그들을 사랑하라."는 것이다. "너희에게 고통을 주는 자가 있느냐? 그들을 사랑하라."는 것이다. 세상의 원칙에 의하면 그들을 미워하는 우리가 잘못하거나 나쁜 것이 아니다. 그런데 우리를 미워하고 시기하고 고통을 주는 자들을 우리도 미워하는 그것이 주님은 아니라고 말씀하신다. 그들이 너를 미워한다 할지라도, 괴롭힌다 할지라도 그들을 사랑하는 것이다. 우리의 마음은 사랑할 수 없고 용서할 수 없지만 주님께서 "너희 원수를 사랑하라"고 하셨기 때문에 사랑해야만 하는 것이다.

언젠가 한 자매가 "목사님, 저는 다른 사람은 다 용서할 수 있고 사랑할 수 있지만 저 사람만큼은 용서할 수 없고 사랑할 수 없습니다."라고 했다. 물론 이 자매의 말을 통해 그 사람으로 인해 얼마나 상처를 입고 고통을 당했는지 알 수 있었다. 하지만 그 자매의 감정이 상처를 입고 힘들다 할지라도 그것은 어디까지나 감정의 문제인 것이다. 하나님은 그리스도인인 우리가 감정에 의지하길 원치 않으신다. 하나님의 말씀을 받아들이고 그 말씀에 의해서 우리의 감정이 반응하길 원하신다. 그래서 그 자매에게 이렇게 말했다. "자매님의 감정은 그를 용서할 수 없고 사랑할 수 없다 할지라도 하나님은 자매님이 하나님의 말씀에 순종하고 그 말씀에 의해서 감정이 반응하길 원하십니다. 주님의 도우심을 구하시길 바랍니다."

기억하길 바란다. 주님을 따르는 그리스도인은 한 가지 원칙이 있다. 그것은 하나님의 말씀을 따르는 것이며, 우리 안에 계신 성령을 따르는 것이다.

주님의 말씀에는 반드시 약속이 있다

우리는 주님의 말씀에 반드시 약속이 있다는 것을 깨달아야
한다. 주님은 우리가 힘들고 고통스럽고 받아들이기 힘든데도 불
구하고 "너희 원수를 사랑하라" 하신 이유가 무엇일까?

첫째, 하나님은 우리를 사랑하시고 또한 우리가 원수라고 생
각하는 그 사람도 사랑하고 계신다는 것이다. 마태복음 5장 45절
을 보라. "이같이 한 즉 하늘에 계신 너희 아버지의 아들이 되리니
이는 하나님이 그 해를 악인과 선인에게 비추시며 비를 의로운 자
와 불의한 자에게 내려주심이라"(마 5:45). 무슨 뜻인가? 하나님은
선한 사람도 사랑하지만 악한 사람도 사랑하신다는 것이다. 우리
는 "주님! 저런 사람을 사랑하다니요. 말도 안 됩니다."라고 말할
지 모르지만, 하나님은 우리뿐 아니라 믿는 않는 자들까지도 사랑
하신다. 사실 믿는 않는 자들도 주님께서 사랑하시기 때문에 그들
도 먹고 마시고 입고 일하고 자녀를 양육하고 살아가고 있는 것이
다. 하나님의 돌보심이 없이는 불가능하다.

창세기 4장에 보면 아담의 두 아들 가인과 아벨에 대한 이야
기가 나온다. 가인이 아벨을 질투하여 죽였다. 하나님께서 이 사
실을 아시고 가인을 벌하신다. 하나님은 가인을 처벌해야 했지만
또한 가인을 보호하신 것을 볼 수 있다. "여호와께서 그에게 이르
시되 그렇지 아니하다 가인을 죽이는 자는 벌을 칠 배나 받으리라

하시고 가인에게 표를 주사 그를 만나는 모든 사람에게서 죽임을 면하게 하시니라"(창 4:15).

그러므로 우리는 함부로 사람을 미워하고 정죄해서는 안 된다. 하물며 그 사람이 흉악한 죄를 범했다할지라도 여전히 그에게 사랑을 베풀 수 있어야 한다. 왜냐하면 하나님께서 여전히 그를 사랑하고 계시기 때문이다.

둘째, 우리가 원수를 사랑하게 될 때 주님이 주시는 약속이 무엇인가? 다른 사람들이 우리를 보고 하나님의 자녀라고 인정하게 되는 것이다. 우리가 무엇으로 우리가 하나님의 자녀라는 것을 나타내게 되는가? 우리를 괴롭히고 고통을 준 사람을 사랑하게 될 때 비로소 하나님의 자녀라고 사람들에게 일컬음을 받는 것이다.

부끄러운 고백이다. 목회 초기에 있었던 일이다. 약을 사기 위해 약국 앞에 차를 세워놓고 약국에 들어갔는데, 어떤 차가 와서 운전부주의로 차의 앞부분을 쳤다. 그래서 그 사람에게 "당신이 잘못했다."라고 했더니 그 사람은 "왜 차를 이곳에 세웠느냐."라고 했다. 결국 나의 언성이 높아졌고 그 광경을 지켜보던 약사가 혼잣말로 "목회자도 저렇게 하는구나."라고 중얼거렸다. 나는 지금도 그 말이 귀에서 떠나지를 않는다. 그때 나는 세상의 원칙을 따랐지, 하나님의 말씀의 원칙을 따르지 않았던 것이다. 나는 다른 사람에게 하나님의 자녀라고 인정받을 수 있는 기회를 놓쳐버린 것이다.

한 형제가 있었는데, 그의 집안은 전통적인 유교적인 집안이었다. 그 형제 역시 여러 가지 갈등의 요소가 있었지만 모든 것을 믿음으로 잘 이겨냈다. 처음에는 "예수를 믿어도 적당하게 믿어야지." "저 놈이 예수를 믿기 때문에 집안이 되는 것이 없다." 하는 수많은 핍박을 받아야 했다. 그런데 이 형제는 그때마다 기도하며 하나님을 의지했다. 세월이 지난 후 그토록 핍박하던 가족들이 한 사람 한 사람 주님께로 돌아오고 난 뒤에 그의 가족들이 이렇게 말했다. "그토록 핍박을 했는데도 참고 견디는 것을 보며 '하나님이 살아 계신가?'라는 생각이 들었습니다. 그 모습을 보며 예수님을 믿게 되었습니다." 이 형제는 그의 가족들에게 하나님의 자녀라고 인정을 받고, 그들을 그리스도께로 인도한 것이다. 할렐루야!

우리는 주님 안에 있는 형제들에게는 얼마든지 하나님의 자녀라는 것을 인정받을 수 있다. 그러나 세상에 속한 사람에게서 "당신은 그리스도인 같습니다."라는 말을 듣는 것은 참으로 어렵다. 우리는 우리를 괴롭히고 고통을 주는 사람까지도 사랑함으로 인해 그들에게 하나님의 자녀라는 인정을 받을 수 있을 것이다.

셋째, 원수를 사랑하라고 하신 것은 우리에게 상이 있기 때문이다. 마태복음 5장 46절을 보라. "너희가 너희를 사랑하는 자를 사랑하면 무슨 상이 있으리요 세리도 이같이 아니하느냐." 무슨 뜻인가? 우리를 사랑하는 자들을 사랑하면 아무 상이 없다는 것이다. 왜 그런가? 누군가가 우리에게 잘해주고 인정해주고 많은 것을 베풀어줄 때 '아, 저 사람이 나에게 잘해주었기 때문에 나도 저 사람에게 이렇게 주어야 하지.' 하는 것은 사랑이 아니다. 그것은 받은 사랑에 대한 보답이다. 여기에는 주님이 주시는 상이 없다. 그렇다면 우리가 어떻게 할 때 주님이 주실 상이 있게 되는가? 우리를 사랑하지 않는 사람, 우리를 핍박하고 괴롭히고 고통을 준 사람을 사랑할 때 비로소 상이 있다. 주님 앞에 서는 그날 주님께서 그분이 주시는 상으로 갚아주시는 것이다.

사도행전 7장을 보면 초기 예루살렘 교회의 스데반 집사가 순교 당하는 모습이 나온다. 스데반은 그리스도의 복음을 전했다. 유대인들 앞에서 예수님이 하나님께서 보내신 구원자이심을 전했다. 그리고 유대인들을 향하여 "너희가 십자가에 못 박은 그분이 바로 하나님이 우리를 죄에 구원하시기 위하여 보내신 하나님의 아들이시다"라고 외쳤다. 그러자 유대인들은 분노를 참지 못해 돌을 던져 결국 스데반을 죽게 했다. 마지막으로 스데반이 죽어가면서 우리에게 보여준 것이 무엇이었는가? 사도행전 7장 59-60절에 "그들이 돌로 스데반을 치니 스데반이 부르짖어 이르되 주 예수여 내 영혼을 받으시옵소서 하고 무릎을 꿇고 크게 불러 이르되 주여 이 죄를 그들에게 돌리지 마옵소서 이 말을 하고 자니라"라고 했다. 스데반은 자신에게 돌을 던져 자신을 죽게 한 자들에게 이 죄를 돌리지 말라고 주님께 기도한 것이다. 우리는 주님 앞에 서는 그날, 스데반이 받게 될 상이 참으로 큼을 보게 될 것이다.

우리는 우리에게 잘해주는 사람만 잘해주고, 우리를 적대시하거나 우리를 괴롭히는 사람은 멀리하는 것이 그리스도인의 원칙이 아님을 깨달아야 한다. 우리에게 잘해주는 사람이든지 괴롭히는 사람이든지 우리는 하나님의 말씀을 의지하고, 하나님의 성령을 의지하여 그들을 동일하게 사랑으로 대할 수 있어야 한다. 그래야 주님 앞에서 서는 그날 상이 있게 된다.

사랑이 능력이다

우리는 사랑이 얼마나 큰 능력인지를 보아야 한다. 다른 사람을 살릴 수 있는 것이 옳고 그름을 따지는 것 같지만 그렇지 않다. 사랑은 다른 사람을 판단하고 정죄하는 것보다 더 위에 있다.

한번 생각해보기 바란다. 하나님은 거룩하시다. 그분에게는 죄가 없으시다. 그러나 우리는 어떠한가? 수많은 죄를 범한다. 어떤 형제가 이런 말을 했다. "지금까지 제가 지은 죄를 트럭에 싣는다면 5톤 트럭도 부족할 것입니다." 우리는 죄를 수없이 범하기 때문에 도저히 하나님 앞에 나갈 수 없다. 그런데 하나님은 어떠하셨는가? 거룩하신 그분이, 전혀 죄가 없으신 그분이 수많은 죄를 범하는 우리에게 찾아오셨다. 우리에게 죄가 있음에도 불구하고, 추하고 더러움에도 불구하고, 그분이 우리 가운데 찾아오신 것이다. 그 사랑이 우리를 위하여 어떻게 했는가? 하나님의 아들을 십자가에 못 박게 하고 십자가에 피 흘리게 했다. 그리고 하나님은 그 피를 보시고 결국 우리를 죄에서 구원하셨다. 만일 하나님이 죄로 가득한 우리를 보시고, 정죄만 하셨다면 우리는 구원받을 수 없었을 것이다. 하나님께서 사랑으로 우리를 대하셨기 때문에 우리를 죄에서 구원하실 수 있으셨던 것이다. 그러므로 사랑이 능력이요, 사랑이 우리를 살리게 된 것이다.

우리는 이 사랑을 받은 자들이다. 우리는 하나님의 사랑을 받아 예수 그리스도를 영접하고 하나님을 아버지라 부르게 된 자들이다. 그리스도의 사랑을 받은 자들은 그 안에 숨길 수 없는 것이 있다. 그 안에 주님으로부터 받은 사랑이 있다는 것이다. 그 사랑이 우리를 충만하게 할 때 우리는 다른 형제와 자매를 사랑하게 됨은 물론 우리를 핍박하고 괴롭히는 원수도 사랑할 수 있게 된다.

사랑하는 형제들이여! 그 안에 있는 그리스도의 사랑을 충만케 하길 바란다. 주님의 사랑을 더 구하길 바란다. 그리하여 형제와 자매의 허물을 덮고, 더 나아가 다른 형제 사랑하기를 내 몸같이 하고, 더 나아가 그리스도의 사랑으로 원수를 사랑하기까지 이르게 되길 바란다.

그리스도인의 헌신

그리스도인의 체험

한국전쟁 때 한 미군이 시골길을 운전하고 가고 있었다. 가던 길에 그는 어떤 여자가 머리에 무거운 짐을 이고 한 손에는 무거운 짐을 들고 길을 걷는 모습을 보았다. 그는 차를 세우고 여자에게 차 뒤에 타라고 했다. 한참을 가다가 뒤를 돌아보니 이 여자는 차에 탔어도 여전히 그 무거운 짐을 머리에 이고 손에 들고 있었다. 그래서 짐을 내려놓으라고 했더니 "차에 탄 것도 감사한데 어찌 짐까지 내려놓을 수 있나요."라고 대답하더라는 것이다. 오늘날 많은 그리스도인이 이 여자와 같다. 전능하신 그리스도를 믿고 살면서 그리스도께 자신을 내맡기지 못한다.

많은 그리스도인이 구원받고 난 뒤에 자신을 온전히 하나님께 내맡기지 못한다. 주님께 자신을 드리지 못한다. 또 하나님 앞에 헌신된 그리스도인을 보면서 부러워하지만 여전히 자신은 헌신하지 못한다. 그러나 그리스도인이라면 반드시 헌신을 체험해야 한다. 왜냐하면 하나님께서 우리를 구원하신 목적이 이 땅에서 잘살고 잘 먹고 행복하게 사는 것이 아니라, 주님을 위해 사는 것이기 때문이다.

많은 그리스도인들이 "왜 나는 그리스도를 믿으면서 기쁨이 없고 항상 실패할까?"라고 생각한다. 그리고 어떤 그리스도인은 주님을 섬기면서도 마음속엔 항상 전쟁이 있다. 왜 그런가? 아직 헌신되어 있지 않기 때문이다. 주님께 완전히 헌신된 그리스도인에게는 기쁨이 있고, 삶에 승리가 있고, 마음에 갈등이 없다. 그러므로 그리스도인은 헌신을 반드시 체험해야만 한다.

구원의 은혜에서 출발

헌신에 대해 말하면 어떤 그리스도인들은 오해를 한다. '혹시 나에게 무엇을 강요하거나, 내게 있는 것을 빼앗기면 어떻게 하나.'하고 말이다.

시골에 어떤 부부가 있었다. 아내가 교회를 가고 싶다고 해도, 남편은 "안 돼, 당신은 절대 안 돼!"라고 완강하게 거부했다. 그래서 목사님이 그 남편을 찾아가 왜 그러느냐고 했더니, "저 사람은 내 사람인데, 교회를 나가면 하나님께 빼앗기는 것입니다."라고 대답하더라는 것이다. 오늘날 이 남편과 같은 사람이 얼마나 많은지 모른다. 자신을 하나님께서 드리면 무엇인가 큰일 나는 것처럼 생각하거나 빼앗긴다는 생각에 사로잡히는 사람이 많다. 하물며 그리스도를 믿는 자들까지도 그런 생각에 사로잡혀 있다. 그러나 헌신은 우리가 하나님께 받은 은혜에 따른 것이다. 억지로 강요하거나 마지못해서 하는 것이 절대 아니다.

우리 중에는 우리 스스로가 구원받았다고 생각하는 사람은 없을 것이다. 만일 자신의 노력으로 자신이 구원받았다고 생각하는 사람이 있다면 그 사람은 진실로 구원받지 못한 사람이며, 하나님의 은혜를 모르는 사람이다. 우리가 구원받은 것은 우리의 힘이나 능력에 의한 것이 아니다. 우리가 구원받은 것은 온전히 하나님의 은혜 덕분이다. 우리는 하나님의 은혜를 입었다. 쉽게 말하면 하나님은 얼마나 많은 것을 우리에게 거저 주셨는가. 생각해보라. 그 중에 가장 큰 은혜는 하나님의 아들이 이미 우리를 위해 죽으셨다는 것이다. 그분이 우리를 대신하여 죽으신 것은 우리가 받을 죄의 형벌을 면하게 하기 위해서며, 그분이 우리를 위해 사신 것은 우리를 죄의 권세에서 벗어나게 하기 위함이다. 우리

입장에서는 하나님께서 베푸신 것을 값없이 받아들였지만, 하나님 입장에서는 너무나 큰 희생을 치르셨다. 하나님은 그분의 아들을 이 세상에 보내셔야 했고, 그 아들이 멸시와 천대를 받으며 사람들의 죄를 위하여 십자가에서 죽어야만 했던 것이다. 따라서 하나님은 우리를 구원받게 하도록 자신을 완전히 내어주신 것이다. 하나님은 자신을 내어주심으로 우리를 사신 것이다. 다시말해 그분이 우리를 얻기 위하여 지불해야 할 모든 값을 다 지불하고 우리를 사셨다고 할 수 있다.

옛날에 아프리카의 아비시니아에 그리스도인인 여자가 있었는데 노예로 팔리게 되었다. 경매가 시작되자 그녀를 놓고 세 사람이 계속 가격을 올리며 경쟁을 하고 있었다. 이 세 사람은 모두 나쁜 사람이었고, 여자는 어떤 사람에게 팔리든 매우 비참하게 될 것임을 알았다. 그래서 그녀는 계속 눈물을 흘리며 매우 괴로워하고 있었다. 그런데 네 번째 사람이 나타나 가장 높은 가격을 불러서 그녀를 샀다. 그런 다음 그는 즉시 대장장이를 불러서 그녀의 쇠사슬을 끊어주었다. 그 사람은 그녀에게 "당신은 자유입니다."라고 말하고는 가버렸다. 그녀는 처음에는 이 말의 의미를 몰랐지만 곧 깨닫고는 큰 소리로 이렇게 외쳤다. "그분이 나를 샀습니다! 그분이 나를 샀습니다! 오늘부터 내 호흡이 멎는 날까지 나는 그분을 따르렵니다!"

고린도전서 6장 19-20절을 보자. "너희는 너희 자신의 것이 아니라 값으로 산 것이 되었으니…." 그리스도인은 하나님께서 그리스도를 통하여 모든 값을 지불하고 산 자들이다. 그렇다면 우리는 누구의 소유인가? 우리 자신의 소유인가? 아니면 우리를 사신 분의 소유인가? 앞의 아프리카의 여인처럼 우리는 이렇게 외쳐야 한다. "주님, 저는 주님의 것입니다. 저는 내 호흡이 멎는 날까지 주님을 따르겠습니다!"

무엇을 헌신해야 하는가

우리가 헌신해야 할 몇 가지가 있다.

첫째는 자신을 드리는 것이다. 우리의 모든 지체를 주님께 드려야 하는 것이다. 로마서 6장 13절에 뭐라고 말씀하고 있는가? "또한 너희 지체를 불의의 무기로 죄에게 내주지 말고 오직 너희 자신을 죽은 자 가운데서 다시 살아난 자 같이 하나님께 드리며 너희 지체를 의의 무기로 하나님께 드리라." 우리는 주님께 이렇게 고백해야 한다. "주님! 주님께서 값을 지불하시고 저를 사셨으니 이 손과 발도 주님의 것이고 이 입술도 주님의 것이고 저의 눈과 귀도 주님의 것이며 하물며 저의 머리까지도 주님의 것이므로 모두 주님께 드립니다."

어떤 형제가 있었다. 기차를 타고 가는데 옆에 있는 사람들에게 화투를 치자는 요청을 받았다. 그는 그 사람들에게 "미안합니다. 저는 손을 가져오지 않았습니다."라고 말했다. 모두 이상한 듯이 그를 쳐다보자 그는 "이제 나의 이 두 손은 주님의 것입니다. 이전에 죄를 범하고 화투를 치던 나의 손은 이미 주님과 함께 십자가에 못 박혔습니다."라고 말했다는 것이다. 그는 이미 주님께 헌신하였으므로 이제는 더 이상 자신의 손이 자신의 것이 아니고 주님의 것이라고 본 것이다.

내가 군에서 작전장교로서 근무할 때였다. 부대 간부급에 해당하는 모든 사람들과 함께 회식을 하는 자리였다. 그때 지휘관이 모든 간부들에게 격려하는 의미에서 술잔을 권했다. 나는 그분에게 "저는 하나님께 약속했습니다. 저는 주님의 것이기 때문에 술잔을 받을 수 없습니다. 이해해주십시오."라고 말했다. 어떤 사람은 너무하는 것 아니냐 할 것이다. 그러나 그 자리가 끝난 뒤에 나는 얼마나 기뻤는지 모른다. "주님! 승리했습니다."

우리는 주님께서 우리를 사셨으므로 그분께 속한 사람이라는 인식이 필요하다. 이러한 인식이 있다면 우리는 우리의 지체를 기꺼이 주님께 드릴 수 있다. 비로소 우리의 지체를 주님께 드릴 때 우리는 승리의 기쁨을 누리게 되고, 더 큰 것을 얻게 된다.

둘째는 사업, 즉 자신이 하고 있는 일을 드려야 한다. 우리의 하는 모든 일을 주님께 드릴 수 있어야 한다. 쉽게 말하면 우리가 하는 일 가운데서 하나님의 뜻을 행해야 하는 것이다. 우리에게는

이런 고백이 있어야 한다. "주님! 내가 이 일을 하는 것은 이를 통하여 주님의 뜻을 행하고자 하는 것입니다." 어떤 사람은 자신의 일이라면 모든 시간과 돈을 투자하지만 주님을 위해서는 아무것도 하지 못한다.

사업을 하는 한 형제가 있었다. 그는 교회에서 선교를 가기로 한 것을 알고, 사업이 무척 바쁜데 함께 동참해야 하는가 하는 문제로 갈등이 찾아왔다. 그런 가운데 그는 이렇게 결심했다. "주님께서 원하신다면 사업을 뒤로 하고 동참하겠습니다." 그리고 그는 선교에 동참하여 복음을 전파하고 돌아왔다. 그는 자신의 사업을 하나님께 드린 사람이다.

나는 가끔씩 그리스도인이 운영하는 가게를 주목해본다. 그런 가게에 보면 "주일은 쉽니다"는 내용의 표찰이 걸려 있다. 장사를 하는 사람이라면 분명 하루를 더 일하면 더 많은 돈을 벌 수 있을 것이다. 그러나 주님을 위해서라면 기꺼이 시간을 드리고 물질의 손해도 감수하겠다는 것이다.

내가 목회를 결정할 때였다. 직장을 다니며 신학대학원을 마쳤다. 그때 어떻게 해야 하는가 하는 문제로 갈등이 찾아왔다. 그때가 IMF때였다. 많은 기업들이 도산이나 구조조정을 할 때였고 수많은 직장인들이 직장에서 해고되었다. 그때 내가 다니던 직장은 그런대로 견딜 수 있었다. 높은 직급과 급여도 보장되어 있었다. 그러나 이런 고백을 드렸다. "주님! 주님께서 내려놓으라 하시면, 주님께서 원하신다면 이 직장을 떠나 주님을 위하여 내 삶을 드리겠습니다."

모든 그리스도인이 자신의 직장과 사업을 떠나서 전도인이 되고 주님을 위하라는 것이 아니다. 우리는 우리의 직장이나 사업, 학업에 있어서 주님께서 원하신다면 기꺼이 그런 것들 또한 내려놓을 수 있어야 한다는 것이다. 이것이 사업, 즉 자신의 일을 주님께 드리는 것이다.

세 번째는 물질을 드릴 수 있어야 한다. 이 세상에는 그리스도인인 우리에게 속한 것은 하나도 없으며 모두 주님의 것이므로 반드시 우리는 주님께 헌신해야 한다. 우리는 모든 소유가 주님의 것임을 알고 주님 앞에 헌신할 수 있어야 한다. 역대상 29장 12-14절을 보라. "부와 귀가 주께로 말미암고 또 주는 만물의 주재가 되사 손에 권세와 능력이 있사오니 모든 사람을 크게 하심과 강하게 하심이 주의 손에 있나이다 우리 하나님이여 이제 우리가 주께 감사하오며 주의 영화로운 이름을 찬양하나이다 나와 내 백성이 무엇이기에 이처럼 즐거운 마음으로 드릴 힘이 있었나이까 모든 것이 주께로 말미암았사오니 우리가 주의 손에서 받은 것으로 주께 드렸을 뿐이니이다."

뭐라고 말씀하고 있는가? 주님께서 모든 물질과 부귀를 주셨으니 우리가 즐거운 마음으로 주님께 드리게 하심을 감사드리며 모든 것이 주께로 왔기 때문에 주님께 받은 것을 주님께 드린다는 것이다.

신약의 드림은 구약의 드림과는 다르다. 구약에서는 십분의 일을 드리라고 말하지만, 신약에서는 십분의 일을 넘어 당신의 모든 소유를 하나님의 손에 놓으라고 말한다. 어떤 가정에 삼 형제가 있었다. 삼 형제가 번 돈을 전부 어머니께 드리면 어머니가 다시 필요한 대로 각 사람에게 돈을 나누어주었다. 우리의 물질도 이와 같아야 한다. 우리가 번 돈을 전부 하나님께 내드리고 그 중에 우리가 필요한 것을 공급받아야 한다. 이것이 신약에서 주님의 가르침이다. 목회를 하면서 많은 그리스도인들이 이렇게 말하는 것을 보았다. "목사님! 제가 헌신에 대한 것을 조금 더 일찍 깨달았더라면 물질을 주님을 위하여 사용할 수 있었을 텐데 물질을 다 허비하고 난 뒤에서 깨닫게 되었습니다." 우리에게는 이런 일이 있어서는 안 된다.

모든 그리스도인은 반드시 어떤 삶을 살았는지 그리스도의 심판대 앞에서 판단을 받게 된다. 그때 우리가 물질을 어떻게 관리해왔는지도 판단 받게 된다. 우리의 저축과 소비도 다 심판대 앞에서 주님의 심판을 받게 된다.

바울은 고린도교회 신자들에게 물질에 대해서 이렇게 권면했다. "매주 첫날에 너희 각 사람이 수입에 따라 모아 두어서 내가 갈 때에 연보를 하지 않게 하라"(고전 16:2). 그들은 매 주마다 물질을 결산했다. 결산은 자주하는 것이 좋다. 1년보다 1달이 낫고

1달보다 1주가 낫다. 우리도 매주 아니면 매달 하나님께 결산하는 삶을 살아야 한다. 그래야 다음에 주님 앞에 서는 그날 칭찬을 받게 될 것이다. 물질의 헌신에는 주님의 약속이 있다. 그 약속은 금세뿐 아니라 내세에까지 유효하다.

마태복음 19장 29절에는 이 땅에서 여러 배를 받는다고 하셨고 영생을 상속받는다고 약속하신다. 마가복음 10장 30절에는 드린 물질에 대해서 100배를 받고 영생을 받지 못할 자가 없다고 하셨다. 이 땅에서 아무리 이자를 많이 주는 은행이 있다 할지라도 원금에 100배를 주는 은행은 없다. 그러나 주님은 우리가 드린 물질에 이자를 주시는데, 만 퍼센트를 주시겠다고 약속하신 것이다. 하나님은 우리를 손해 보게 하지 않으신다. 지난날 우리는 하나님께서 우리에게 복 주실 기회를 많이 놓쳤다. 하나님께서 우리의 물질을 원하실 때 기꺼이 내어드릴 수 있는 자들이 되길 바란다. 그래야 하나님은 우리의 드린 물질을 보존하시고 우리는 그의 100배를 받게 되는 것이다. 이것이 얼마나 수지맞는 일인가!

하나님의 마음은 선량하다

누가 주님의 종이 되는가? 주님께 헌신하는 사람이다. 많은 사람이 하나님께 헌신하는 것은 하나님의 종이 되는 것이라는 말

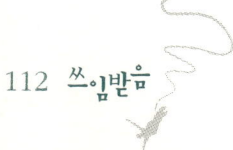

을 듣고, 헌신한 후에 하나님께서 자기를 어렵게 하실 것이라는 생각을 하여 두려워한다. 그러나 이것은 하나님을 모르는 사람의 생각이다.

한 사람이 어떤 어머니에게 순복과 헌신에 대해서 이렇게 비유로 말했다. "당신에게 아들이 있는데 원래 고집스럽고 말도 안 들었으나 나중에 그가 후회하고 당신에게 '이제부터 어머니께 순복하겠습니다. 어머니께서 무슨 일을 하라고 하시든지 저는 어머니의 명령을 듣겠습니다.'라고 했다면, 어머니인 당신은 아들에게 어려운 일을 시켜서 괴롭게 하겠습니까?" 그러자 그녀는 "아니요. 나는 오히려 그를 더 사랑하겠습니다."라고 대답했다. 이것이 부모의 심정이며 우리 하나님의 마음이다.

우리가 자신을 하나님께 헌신한다면 하나님은 우리를 위하여 모든 것을 안배하실 뿐 아니라, 기뻐하시며 우리를 위하여 더 많은 사랑과 더 많은 복을 부어주실 것이다. 당신이 헌신하면 할수록 주님은 우리를 더 사랑하실 것이며 더 많고 좋은 것으로 주시고자 하실 것이다. 할렐루야!

Chapter 10
그리스도인의 교통

교통의 근거

그리스도인에게는 교통이 있다. 교통은 그리스도 안에서 서로 사귐을 말한다. 함께 주고받는 것이다. 이 교통은 하나님께서 그리스도인에게 주신 복이기도 하다.

창세기 2장에 보면 하나님께서 최초로 사람을 지으시고 사람이 혼자 사는 것을 좋게 여기지 아니하셨다. "여호와 하나님이 이르시되 사람이 혼자 사는 것이 좋지 아니하니 내가 그를 위하여 돕는 배필을 지으리라 하시니라"(창 2:18). 하나님은 우리가 혼자 있는 것을 좋게 여기시지 않으신다. 또 우리가 그리스도를 믿고 구원받은 후에 혼자 있기를 원치 않으신다. 그래서 하나님은 구원받은 자들을 교회로 이끄시는 것이다. 그리스도를 영접하여 구원받은 자라면 당연히 교회 안으로 들어와 성도 간의 교통을 이루어야 한다.

사도행전 2장을 보면 오순절에 마가의 다락방에서 성령이 제자들에게 강림하셨다. 성령이 그들에게 임하자 이 땅에 교회가 세워졌다. 즉 그리스도를 영접하여 성령이 그 안에 거한 자들이 모여 교회가 된 것이다. 과연 그들의 삶이 어떠했는가? 사도행전 2장 46절을 보자. "날마다 마음을 같이하여 성전에 모이기를 힘쓰고 집에서 떡을 떼며 기쁨과 순전한 마음으로 음식을 먹고 하나님을 찬미하며 또 온 백성에게 칭송을 받으니." 그들은 누가 뭐라고 하지도 않았는데도 불구하고 마음을 같이하게 되었고 모이기를 힘썼고 집에서 함께 음식을 나누어 먹고 하나님을 찬양하게 되었다. 그들이 그렇게 할 수 있었던 것은 무엇 때문이었을까? 그 안에 하나님의 영이신 성령이 거하셨기 때문이다. 그들에게도 자신들의 생각과 의견이 있었고, 경험과 가치관과 삶의 방식이 모두 달랐을 것이다. 그런데 그들이 마음을 같이 하며 모이기를 힘썼고 기쁨과 순전한 마음으로 함께 음식을 나누어 먹으면서 하나님을 찬미할 수 있었던 것은 그 안에 그리스도가 성령으로 계셨기 때문이다.

그러므로 그리스도인의 교통의 근거는 그 안에 그리스도가 계시느냐 계시지 않느냐이다. 그 사람의 학벌이 중요한 것이 아니다. 그 사람의 소유가 많고 적음이 중요한 것이 아니다. 그 사람의 어떠함이 중요한 것이 아니라 그 사람이 그리스도를 영접하여 그 영이 그의 안에 거하시느냐 거하시지 않느냐가 중요한 것이다.

그리스도인에게는 생명이 있다

그리스도인에게는 하나님의 아들의 생명이 있다. 믿길 바란다. 예수 그리스도를 믿었다면 그 안에 그리스도의 생명이 있다. 하나님은 예수 그리스도를 구주로 영접한 자들에게 영생을 주셨다. 이 생명은 사람이 줄 수 있는 것이 아니며 오직 하나님만이 줄 수 있는 것인데, 하나님은 예수 그리스도를 통하여 그분을 믿는 자들에게 이 생명을 주셨다. 하나님께서 주셨다고 말씀하셨기 때문에 주신 것이다. 그리고 믿는 자들에게 이 생명이 있다고 말씀하셨다. "아들이 있는 자에게는 생명이 있고 하나님의 아들이 없는 자에게는 생명이 없느니라"(요일 5:12). 그러므로 그리스도를 구주로 믿음으로 받아들인 자들에게는 영생, 즉 그리스도의 생명이 있음을 고백할 수 있길 바란다.

그렇다면 그리스도의 생명이 있는 자들의 특징이 무엇인가? 반드시 그리스도와 교통이 있게 된다는 것이다. 우리는 그리스도를 믿을 때 우리에게 주어진 생명은 주님을 떠날 수 없음을 알아야 한다. 왜냐하면 그리스도인 안에 있는 생명은 주님의 생명이기 때문이다. 만일 우리가 주님을 떠난다면 생존할 수 없다. 그래서 주님께서 요한복음 15장 5절에서 뭐라고 하셨는가? "나는 포도나무요 너희는 가지라 그가 내 안에, 내가 그안에 거하면 사람이 열매를 많이 맺나니 나를 떠나서는 너희가 아무것도 할 수 없음이라." 주님은 우리가 그리스도를 떠나면 아무것도 할 수 없다고 하신 것이다. 생각해보라. 포도나무에 가지가 있는데, 그 가지는 포도나무에 붙어 있을 때 생명을 갖는 것이다. 그러나 그 가지가 포도나무에서 떨어지는 순간, 그 가지는 더 이상 생명을 가질 수 없게 된다. 그 가지는 더 이상 열매를 맺고 싶어도 맺을 수 없는 아무 쓸데없고 소용없는 메마른 가지에 불과하다. 그러므로 그리스도인은 주님을 떠나서 무엇을 계획하고 방법을 찾고 행하려는 것을 그만두어야 한다.

창세기 11장을 보면 바벨탑 사건이 나온다. 그 당시의 사람들은 하나님을 떠나 그들의 이름을 내고 온 지면에 흩어짐을 면하기 위하여 탑을 쌓았다. 하나님을 떠나 자신의 힘으로 무엇을 이루어 보고자 했던 것이다. 그러나 하나님께서 어떻게 하셨는가? 바벨탑을 허무시고 그들을 온 지면에서 흩어지게 하셨다. 사람이 아무리 수많은 시간과 물질과 수고를 하여 애써서 이루어 놓았다 할지라도 하나님께서 한순간에 허무시고 무너지게 할 수 있을 뿐 아니라, 사람이 도저히 이룰 수 없는 것도 하나님은 한순간에 이룰 수 있음을 깨달아야 한다.

그러므로 우리가 힘써야 할 것이 무엇인가? 우리 안에 생명을 주신 하나님과 교통하는 것이다. 하나님을 사랑하고, 그분의 뜻을 알고자 하고, 그분과 함께하는 것이다. 우리는 원래 하나님과 교통할 수 없는 자들이었다. 그러나 하나님께서 예수 그리스도로 말미암아 그분의 생명을 우리에게 주심으로 비로소 하나님과 교통할 수 있게 된 것이다. 그러므로 우리는 우리 안에 하나님의 생명이 있음에 감사하고, 힘써 하나님과 교통하고자 해야 한다. 그분을 찬양하고, 기도로 나아가고, 말씀을 통하여 그분의 뜻을 발견하고 깨닫고자 해야 한다. 그때 하나님은 우리를 통하여 당신께서 하시고자 하는 일을 이루실 것이다.

두 번째 하나님의 생명이 있는 자들의 특징이 무엇인가? 생명이 있는 자들 간에 교통이 있게 된다는 것이다. 그리스도인들 간의 교통이 있는 것이다. 우리는 서로 다르다. 생각이 다르고 의견이 다르고 지식과 가치관이 다르다. 그런데도 우리 안에 서로 교통이 있게 하는 것이 무엇인가? 그것은 바로 우리 안에 있는 그리스도의 생명인 것이다. 우리로 하여금 동질감을 느끼게 하는 것이 무엇인가? 바로 이 생명이다.

어느 시골에서 있었던 일이다. 산에서 산닭 한 마리를 잡아 집에서 키우는 닭들과 함께 닭장에 두었다. 분명히 같은 닭인데도

집닭들이 그 산닭 한 마리를 집중적으로 공격하기 시작했다. 그 산닭은 결국 함께 지내지도 못하고 죽고 말았다. 같은 닭이지만 동질이 아니기 때문에 견디지 못하고 결국 죽고 만 것이다. 그리스도인도 마찬가지다. 그리스도인은 같은 사람인 믿지 않는 사람들과의 교통이 이루어질 것 같지만 결국 우리는 그들과 함께 할 수 없다는 것을 느끼게 된다.

언젠가 동물의 세계를 본적이 있다. 그 곳에 보면 동물들이 무리를 짓는데, 결코 다른 종류가 그 무리 안에 들어오는 법이 없다. 코끼리는 코끼리끼리, 원숭이는 원숭이들끼리, 얼룩말은 얼룩말끼리 모인다. 만일 무리에 다른 종류의 동물이 들어오면 그 동물을 가만두지 않고 집중 공격을 한다. 이 동물들의 세계에서조차 무엇을 말하는가? 그리스도인 안에 있는 생명은 그 생명끼리 교통이 있어야 한다는 것이다. 우리는 그 안에 그리스도의 생명이 없게 되면 교통할 수 없음을 알게 되는 것이다.

우리 안에는 그리스도의 생명이 있다. 이 생명이 있는 자들은 그리스도의 교통이 이루어져야 하고, 또한 성도 간에 반드시 교통이 이루어져야 한다.

그렇다면 어떻게 교통해야 하는가

먼저 우리는 그리스도와 교통하는 법을 배워야 한다. 주님과 교통하는 목적이 무엇인가? 그것은 그분을 따르기 위함이다. 그렇다면 따른다는 것은 무엇인가? 남이 정한 길을 가는 것이다. 그리스도인은 주님과 교제함으로 그분의 뜻을 발견하고 그분이 원하시는 것을 알 수 있게 된다. 그런 뒤에는 어떻게 해야 하는가? 따라야 한다. 우리의 뜻을 버리고 온전히 따라야 하는 것이다.

예를 들어 A라는 형제와 B라는 형제가 있다고 치자. 만일 A형제가 "B형제의 뜻을 따르겠습니다."라고 한다면, A형제는 어떻게 해야 하는가? A형제의 뜻대로 어떤 일을 선택할 수 있는가? 아니다. 자신의 뜻과 선택할 수 있는 권리를 포기하고 오직 B형제에게만 주어지는 권리를 따라야 하는 것이다. 만약 당신이 "주님, 저는 당신을 따르겠습니다."라고 고백한다면 당신은 스스로 뜻을 포기하고 당신의 모든 것을 내려놓아야만 온전히 주님을 따르게 되는 것이다. 그러므로 주님을 따르는 자들은 반드시 십자가를 거쳐야 한다. 십자가는 죽음을 의미한다. 죽은 자가 자신의 뜻을 내세우고 자신의 자아를 드러내는 것을 보았는가? 아니다. 죽은 자는 말이 없고, 자기 주장이 없다. 자신을 드러내는 법이 없다.

요한계시록을 보면 한 무리들은 어린 양이 가는 대로 그분을 따라간다. 우리가 어린 양이 가는 대로 그분을 따르기 위해서는

어떻게 해야 하는가? 우리 자신을 버려야 한다. 내 뜻과 내 생각이 강하고 내 감정으로 행하는 사람이 어찌 그분이 이끄시는 대로 따라갈 수 있겠는가?

그러므로 주님과 교통하고자 하는 자는 반드시 자신의 모든 것을 십자가로 가져가야 한다. 우리의 육과 옛사람의 생명을 십자가로 가져가 처리해야 한다. 주님께서 십자가에서 죽으실 때 우리의 성질부리던 우리의 옛사람, 내 뜻대로 행하던 우리의 옛사람, 내 감정대로 행하던 옛사람이 함께 못 박혔음을 믿어야 한다.

또 성질이 나오고 내 뜻이 나오고 내 감정이 나올 때마다 십자가로 가져가야 한다. "주님, 나의 이 성질은 주님께서 십자가에서 못 박혀 죽으실 때 같이 못 박혔습니다."라고 고백해야 한다. "주님, 저는 내 성질대로 행하는 것이 아니라 이제 주님의 뜻대로 사는 자입니다."라고 고백해야 한다. 그때 비로소 우리는 주님과 교통이 있고 주님을 따를 수 있게 된다.

두 번째는 반드시 우리는 영을 따라 교통해야 한다. 사람의 생각과 감정은 믿을 만하지 못하다. 어떤 사람들의 생각은 너무 복잡하다. 너무나 많은 생각들로 가득 차 있다. 언젠가 한 형제를 만났는데, 그 형제는 나에게 "목사님, 저는 너무 많은 생각으로 인하여 견디기가 힘이 듭니다.'라고 말했다.

우리에게도 그런 경험이 있을 것이다. 무슨 일을 당하면 수많은 생각이 찾아온다. 이렇게 할까? 저렇게 할까?

그러나 우리는 즉시 생각을 멈추어야 한다. 그리고 주님께 "주님, 나의 생각을 멈추게 해주시길 원합니다.", "주님께서 나의 생각을 다스려 주시길 원합니다."라고 간구해야 한다. 또 우리는 충만해진 우리의 감정을 다스려야 한다. 어떤 사람의 감정은 너무 열렬할 때가 많다. 절제할 수 없을 정도로 열렬해서는 안 된다.

어떤 자매가 있었다. 이 자매는 다른 사람의 어려움을 보면서 그를 돕고자 하는 마음이 너무나 열렬하여 주체를 하지 못하는 것을 보았다. 그러나 그 감정이 주님께서 주시는 마음에 의해서 움직여야 한다. 어떤 자매는 슬픔을 절제하지 못한다. 한없이 슬픔에 빠져서 그곳에서 헤어나오지 못한다. 그러나 그 슬픔이 주님과 교제를 가로막고 다른 지체들과 교제를 가로막는 것을 알아야 한다.

그러므로 우리는 너무 깊은 감정에 빠지지 말아야 한다. 깊은 감정에 빠지면 하나님이 보이지 않게 되고 영적인 분별력을 상실하게 되어 주님과 정상적인 교통을 할 수 없게 되고 다른 지체들과도 교통할 수 없게 된다.

또 우리는 자신의 뜻에서 벗어날 수 있어야 한다. 하나님의 자녀들은 내 뜻보다는 그리스도의 뜻이 더 중요함을 깨달아야 한다. 우리는 자신의 뜻을 관철시키려 할 때가 많다. 내가 가장 듣기 싫은 말이 있다. "내 뜻대로 할 테니 저를 내버려 두세요." 다른 사람들과 함께하다 보면 수없이 느끼는 것이 있다. 어떤 형제는 자신의 뜻이 너무나 강하다. 언젠가 다른 형제들과 함께 일을 한 적이 있다. 그 형제에게 "이렇게 하는 것이 좋겠습니다."라고 했더니 그 형제는 "저에게 맡겨주세요. 제가 알아서 할 테니."라고 했다. 결국 일은 엉망이 되고 말았다.

우리는 생각과 감정, 내 뜻을 비워야 한다. 그래야 영을 따를 수 있게 된다. 우리는 그 영으로 주님과 교제하고 다른 지체들과 교제해야 한다.

성령께서 하나 되게 하신 것을 힘써 지켜야 한다

주님과 교통이 좋게 되면 반드시 지체들과도 교통이 좋게 된다. "만일 우리가 하나님과 사귐이 있다 하고 어둠에 행하면 거짓말을 하고 진리를 행하지 아니함이거니와 그가 빛 가운데 계신 것같이 우리도 빛 가운데 행하면 우리가 서로 사귐이 있고 그 아들 예수의 피가 우리를 모든 죄에서 깨끗하게 하실 것이요"(요일 1:6-7). 우리는 주님과 교통에 힘쓰고 다른 지체들과의 교통에도 힘써야 한다. 우리는 어떠한 경우에도 주님과 다른 지체들과의 교통에서 끊어져서는 안 된다.

왜 그런가? 교통에서 끊어지는 것은 그리스도의 생명에서 멀어지는 것이다. 우리는 언제 그리스도의 생명의 풍성함을 누리는

가? 주님과 교통이 있고 다른 지체들과 교통이 있을 때 그리스도의 생명을 누리게 된다. 주님께서 우리가운데 오신 목적이 무엇인가? 요한복음 10장 10절을 보라. "도둑이 오는 것은 도둑질하고 죽이고 멸망시키려는 것뿐이요 내가 온 것은 양으로 생명을 얻게 하고 더 풍성히 얻게 하려는 것이라." 주님은 우리가 생명의 풍성함을 누리길 원하신다. 우리가 생명의 풍성을 누리기 위해서는 그리스도와 교통이 있어야 하고 또한 다른 지체들과 교통이 있어야 한다. 주님께서 우리에게 그리스도의 생명을 주신 것은 우리로 하여금 하나님과 우리 주 예수 그리스도와 교통이 있게 하고 그리스도의 생명이 있는 다른 지체들과 교통이 있게 하여 그 생명이 우리 안에 풍성하게 하려 함이다.

그러므로 우리는 우리 안에 있는 그리스도의 생명으로 교통하고자 해야 한다. 우리는 우리의 모든 것을 십자가에 가져가 넘기고 우리의 생각과 뜻, 우리의 감정이 아닌, 우리의 영으로 교통하고자 해야 한다. 그때 우리는 풍성을 누리게 되는 것이다.

PART

03

그리스도께 쓰임 받아라

하나님과 관계회복

부유하신 하나님

우리는 하나님께서는 부족함이 없다는 것을 알아야 한다. 모든 것이 그분의 소유이다. 시편 24편 1절에 "땅과 거기에 충만한 것과 세계와 그 가운데에 사는 자들은 다 여호와의 것이로다"라고 했다. 하늘에 속한 것뿐 아니라, 땅과 거기에 있는 모든 것들이 하나님의 것이며 모든 세계와 그 가운데 사는 자들 역시 다 하나님의 것이다. 하나님은 모든 것의 주인이다.

그리고 그분 안에서는 모든 충만함이 있고, 그분의 능력은 한이 없으시다. 시편 106편 1-2절에 "할렐루야 여호와께 감사하라 그는 선하시며 그 인자하심이 영원함이로다 누가 능히 여호와의 권능을 다 말하며 주께서 받으실 찬양을 다 선포하랴"라고 했다.

우리는 하나님 앞에 너무나 작은 존재이다. 우리는 제한되어 있다. 힘과 능력도 지식도 재능도, 건강과 시간도 제한된다. 그러나 하나님은 제한되지 않으신 무한하신 분이시다. 그분의 힘과 능력을 한이 없으시며, 지식과 지혜도 한이 없으시다. 그분은 사랑이며 인자와 자비가 한이 없으시다. 우리는 하나님은 제한되게 해서는 안 된다. 우리가 제한되어 있다 해서 우리의 생각과 지식으로 그분을 갇히게 해서는 안 된다. 그분은 모든 면에서 전혀 부족함이 없으신 분이시다.

이 부유하시고 풍성하시고 충만하신 하나님과의 온전한 교제 가운데 있고 그분과 함께 한다면 우리에게도 부족함이 없다. 그래서 시편 기자는 시편 23편 1절에서 뭐라고 고백했는가? "여호와는 나의 목자이시니 내게 부족함이 없으리로다."

문제는 사람에게 있다

하나님은 부족함이 없고 부유하고 충만하시지만, 우리가 그분을 떠나거나 멀리하면 어떻게 되는가? 그때 우리는 우리의 분깃을 다 탕진하게 되고 주리게 된다.

누가복음 15장에 나오는 둘째 아들을 보자. 이 아들은 아버지와 함께 살고 있었다. 그때에는 부족함이 없었다. 이 아들은 아버지의 것을 다 누릴 수가 있었기 때문이다. 먹을 것과 입을 것, 어디에서 잘 것을 걱정하지 않아도 되었다. 단지 아버지의 아들이 되어 그 아버지의 집에 거하기만 해도 그는 아버지로 인하여 부족함이 없었다. 그러나 그가 아버지로부터 자신에게 나누어 줄 몫을 달라하여 아버지를 떠나는 순간 어떻게 되었는가? 누가복음 15장 13절에 "그 후 며칠이 안 되어 둘째 아들이 재물을 다 모아서 먼 나라에 가 거기서 허랑방탕하여 그 재산을 낭비하더니"라고 했다. 이 아들은 그 재물로 허랑방탕한 생활을 하며 재산을 다 낭비하고 거지 신세가 되었다. 그는 다른 사람에게 붙어사는 신세가 되었고, 먹을 것조차도 없어 산에서 사는 돼지가 먹는 쥐엄열매를 먹으며 굶주린 배를 채우는 신세가 되었다. 아버지를 떠나는 순간 그에게 이 모든 것이 임하였다.

언젠가 금요기도회를 마치고 오후 11시가 넘은 시간에 집으로 가는 길에 마주오는 한 중학생 사내아이를 만났다. 마음속에 이런 시간에 아직도 집에 들어가지 않고 왜 돌아다니는가 하는 생각이 들었다. 그리고 그 다음날 토요일 오전 7시가 지난 시간에 집 앞 운동장에 산책을 나가 거닐고 있었다. 그런데 누가 벤치에 쪼그리고 자는 것이 보여 가까이 가 보니, 중학생 교복을 입은 어제 밤에 보았던 그 아이였다. 그래서 그 아이에 "너 가출했구나."라고 물었더니 그 아이는 고개를 떨어뜨렸다. 그 아이에게 어떤 이유가 있었는지 모르지만 "아버지와 함께 집에 있을 때는 모르지만 집 나오니 얼마나 고생이니. 먹을 것, 잠잘 곳조차도 없어서 힘들지 않니? 아버지께 용서를 구하고 다시 집으로 돌아가렴." 하고 말해주었다.

우리가 이 세상을 통과하다 보면 여러 가지 시험을 만난다. 믿음에서 실족하는 일을 당하기도 한다. 실족하는 일이 없을 수는 없지만, 그것으로 인하여 우리와 하나님과 관계가 깨어질 수 있다. 하나님은 무한하시고 그분 안에는 부족함이 없지만, 우리는 항상 다른 사람으로 인하여, 환경과 여건으로 인하여 때때로 실족하게 된다. 우리가 그러한 일들로 인하여 하나님과 관계가 깨어지거나 그분을 멀리하게 되면 우리 역시 둘째 아들처럼 이 땅에서 영적으로 육적으로 주리게 된다. 하나님 안에 있는 풍성함과 충만함을 누리지 못하고 영적 빈곤한 상태, 곧 영적으로 병들게 되는 것이다.

그러므로 우리에게는 회복이 있어야 한다. 하나님과 관계에 회복이 있어야 한다. 그분께로 마음을 돌이켜야 하고 그분 안에 거하고자 해야 한다.

참된 회복

그렇다면 회복은 어떻게 해야 하는가?

첫째, 우리는 스스로 마음을 돌이켜 죄를 고백해야 한다. 하나님을 떠난 우리의 마음을 스스로가 돌이키지 않으면 안 된다. 누가복음 15장 17절을 보라. "이에 스스로 돌이켜 이르되." 둘째 아들은 스스로 돌이켰다. 자신이 잘못되었음을 깨달은 것이다. 아버지를 떠나 자신의 뜻대로 멋대로 산 것이 죄라는 것을 깨달은 것이다. 18절에 "내가 일어나 아버지께 가서 이르기를 아버지 내가 하늘과 아버지께 죄를 지었사오니"라고 고백하리라 생각했다. 하나님과 관계의 회복은 어디에서 시작되는가? 바로 스스로 마음을 돌이키는 데에서부터이다.

구약성경에 보면 두 사람이 나온다. 다윗과 사울 왕이다. 다윗과 사울 왕의 차이가 무엇인가? 자신의 잘못을 깨달았느냐 깨닫지 못했느냐이다. 다윗이 죄를 범했다. 그때 그에게 나단 선지자가 찾아와 자신의 죄를 드러내자 다윗은 자신의 죄를 깨달았다. 그리고 그는 마음을 돌이켜 하나님께 자신의 죄를 자백하며 하나님의 도우심을 구했다. 그때 그에게 회복이 일어났다. 하나님과 관계가 회복되었다. 그러나 사울 왕은 어떠했는가? 그가 하나님께 죄를 범했을 때 하나님께서 사무엘 선지자를 보내어 그 잘못을 깨닫게 했지만 그는 자신의 잘못을 시인하지 않고 자신의 행위를

 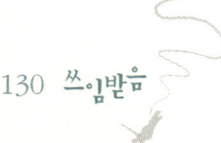

정당화하고자 했다. 그 결과 그는 하나님께 버림을 받고 말았던 것이다.

오늘날 얼마나 많은 사람들이 둘째 아들과 같은지 모른다. 하나님을 떠나 자신이 하고 싶은 대로 행하면서도 자신을 보지 못한다. 영적으로 고통당하고 힘들고 어려움을 당하고 있는데도 불구하고 자신을 보지 못한다. 하나님께서 우리를 도우시기를 원하시고 우리와의 회복이 있길 원하신다. 하나님은 우리를 떠난 적이 없으시고, 우리를 버리시지 않으신다. 하지만 사람이 자신을 보지 못한다. 우리의 마음이 얼마나 완고한지, 얼마나 강퍅한지 알지 못한다. 그리고 사람은 자기가 얼마나 자기중심적인지 모른다. 우리는 하나님께 우리의 어느 부분이 하나님을 떠나있는지 알게 해주시길 구해야 한다. "주여! 나를 보게 하소서. 하나님 내 마음에 성령의 빛을 비춰주사 나를 보게 하소서. 그리하여 하나님으로부터 멀어진 나의 마음을 돌이켜 하나님께로 향하게 하소서."

하나님을 찾으라

아버지를 떠나 빈곤하고 곤고해진 둘째 아들은 어떻게 해야 하는가? 아버지께로 돌아가야 한다. 아버지를 찾아야 한다. 그리고 실제로 둘째 아들은 어떻게 했는가? 자신의 잘못을 깨닫고 가

만히 있었던 것이 아니다. 그는 용기를 내어 일어나서 아버지께로 돌아갔던 것이다. "이에 일어나서 아버지께로 돌아가니라"(20절). 그는 자신의 형편과 처지를 생각하지 않았다. 그는 아버지께서 그를 어떻게 대하실까 생각하지 않았다. 그는 단지 아버지께 돌아가야 한다는 것을 깨닫고 아버지께로 돌아갔던 것이다.

언젠가 한 형제를 만난 적이 있다. 내가 "그에게 이제 하나님께로 돌아오셔야지요."라고 했다. 그랬더니 그는 나에게 이렇게 말했다. "목사님, 지금 저의 형편은 좋지 않습니다. 하나님 앞에 죄를 범한 것이 너무나 많습니다. 다음에 저의 형편이 좀 나아지면 하나님께 나가도록 하겠습니다." 그래서 그에게 이렇게 말해주었다. "형제님, 당신은 형편이 나아질 때까지 기다릴 필요가 없습니다. 그리고 형편이 나아질 때까지 기다린다면 그것은 당신이 하나님 앞에 나아가는 것을 지연시키는 것입니다. 당신이 지금 어떠한 형편과 처지에 있든지 아직 떨쳐버리지 못한 죄가 있든지 없든지 있는 모습 그대로 하나님께 돌아가면 됩니다. 그러면 하나님은 받아주십니다." 그런데도 아직까지 그 형제가 돌아오지 않고 있다. 그 형제가 나의 말을 듣고 받아들였다면 하나님과 회복이 있었을 것이다.

구약에 보면 믿음의 사람 아브라함이 나온다. 그도 실패했다. 그는 하나님의 말씀을 떠나 애굽으로 내려간 적이 있다. 애굽은 세상을 의미한다. 그러나 그는 회복했다. 어떻게 회복했는가? 창

세기 13장 3-4절을 보라. "그가 네게브에서부터 길을 떠나 벧엘에 이르며 벧엘과 아이 사이 곧 전에 장막 쳤던 곳에 이르니 그가 처음으로 제단을 쌓은 곳이라 그가 거기서 여호와의 이름을 불렀더라." 그는 세상으로 갔다가 하나님을 만났던 곳으로 다시 돌아왔다. 그가 하나님 앞에 자신을 드렸던 곳으로 돌아왔던 것이다. 그는 세상으로 나갔다고 실패를 하고 마음을 돌이켜 하나님께로 돌아왔다. 하나님을 찾았다. 그는 하나님을 만난 곳으로 돌아와 어떻게 했는가? "그가 거기서 여호와의 이름을 불렀더라." 다시 돌아와 하나님을 찾은 것이다. 그러자 그에게 회복이 일어났다. 하나님과 연합되고, 하나님과 교통이 있게 된 것이다.

실패한 사람이 있는가? 실족한 사람이 있는가? 변절한 사람이 있는가? 이미 애굽으로 내려간 사람이 있는가? 자신의 요구나 희망이나 사모함이나 추구가 생겼는가? 이런 사람은 회복하려면 마음을 돌이켜 하나님께 돌아와야 한다. 그래야 하나님과 교통이 있게 되고, 하나님의 임재가 있게 되고, 하나님 안에 있는 풍성함과 충만함을 경험하게 되는 것이다.

하나님의 마음을 배우라

둘째 아들이 아버지를 찾아와서 어떻게 했는가? 21절에 보면 "아들이 이르되 아버지 내가 하늘과 아버지께 죄를 지었사오니 지금부터는 아버지의 아들이라 일컬음을 감당하지 못하겠나이다" 라고 했다. 자신의 잘못을 고백했던 것이다. 아들은 자신의 죄를 깨닫고 아버지께로 돌아와 고백했고 그 아버지는 아들에게 어떻게 했는가? 아들이 돌아온다는 소식을 듣고서 아버지는 그에게 달려가 그를 불쌍히 여기고, 안고 입을 맞추었다. 그리고 종들을 시켜 제일 좋은 옷을 내어 입게 하고는 '이 아들이 내 아들이다'라는 징표로 손에 가락지를 끼우게 하고, 발에 신을 신게 하고, 살찐 송아지를 끌어다가 잔치를 벌였던 것이다.

우리는 여기서 사랑이신 하나님, 인애와 자비가 한이 없으신 하나님 아버지의 마음을 알 수 있다. 하나님은 허랑방탕한 아들을 대하는 아버지처럼 죄에 빠진 우리를 대하신다. 하나님은 우리가 하나님께로 나아가면 영접하신다. 그분의 자녀가 될 자격이 없음에도 불구하고 하나님은 예수 그리스도를 통하여 우리를 그분의 자녀가 되게 하시고, 우리의 죄를 더 이상 묻지 않으시고, 우리를 영접해주시는 것이다.

구원받지 못한 죄인도 하나님 앞에 있는 그 모습 그대로 나아가야 하며 하나님을 떠나 실족한 자들도 실패한 자들도 하나님 앞

에 그대로 나아가야 한다. 하나님은 이런 자를 기뻐하신다. 세상 사람은 우리를 정죄할지 모르지만 하나님은 우리를 대하실 때 한없는 사랑으로 대하신다. 그 아들을 십자가에서 내어주신 이상, 그분은 우리를 용서하시고 사랑하시기로 하신 것이다. 이런 하나님의 사랑에 감사드린다.

하나님께 나오기만 하면 그분의 것을 누리게 된다

우리가 하나님께 나아오기만 하면 우리는 그분 안에서 그분의 모든 것을 누리게 된다. 본문에 보면, 첫째 아들은 둘째 아들이 돌아와 아버지가 잔치하는 것을 보며 화를 냈다. 그러나 아버지가 첫째 아들에게 뭐라고 했는가? "아버지가 이르되 얘 너는 항상 나와 함께 있으니 내 것이 다 네것이로되"(31절). 우리가 마음을 돌이켜 하나님께로 돌아와 그분 앞에 우리의 모든 것을 내드리면 그때부터 하나님 아버지의 모든 것이 우리, 자녀들의 것이 된다.

자녀가 아버지의 집에 있게 되면 그 모든 것을 다 누릴 수 있게 된다. 그것을 누리면서 이것은 아버지 것이기 때문에 나는 누릴 수 없다고 말하는가? 아니다. 아버지의 것을 아무 거리낌 없이 누리면 된다. 우리가 하나님께로 돌아와 하나님과 관계가 회복되어 하나님과 교통이 있게 되면 그때부터 하나님 아버지의 것이 우리에게 흘러들어와 우리는 아버지의 것으로 넘치게 된다. 하나님 아버지께서 우리 주 예수 그리스도를 통하여 이루신 모든 것이 우리의 것이 된다. 주님께서 세상을 이긴 것처럼 우리도 세상을 이기게 되고, 우리 주님께서 마귀를 멸하시고 승리하신 것처럼 우리도 사탄을 대적하여 승리하게 되고, 우리가 구하면 주님 안에 있는 지식과 지혜의 보화가 우리의 것이 된다. 그분의 기쁨이 나의 기쁨이 된다. 그분의 능력과 힘이 나의 것이 되는 것이다. 할렐루야!

그러므로 우리는 마음을 하나님께 돌이켜야 한다. 하나님과 회복이 있어야한다. 그분과 교통이 이루어져야 한다. 그때 우리는 풍성함을 누리게 되는 것이다. 우리는 그분께로 돌아가 오직 하나님을 구해야 한다. 그리스도만을 구해야 한다. 우리의 전부가 되신 그리스도를 구하면 그분은 우리에게 필요한 모든 것을 주신다. 우리가 긍휼이 필요하면 긍휼을 주시고, 승리가 필요하면 승리를 주시고, 부유함이 필요하면 부유함을 주시고, 능력이 필요하면 능력을 주신다. 그러므로 우리는 오직 하나님을 구하고 오직 그리스도만을 구하면 된다. "하나님, 저는 당신이 필요합니다. 오직 저는 당신을 구합니다."

주님의 기쁨을 구하라

주님의 것이라는 인식

예수 그리스도를 믿는 자들을 그리스도인이라고 한다. 그리스도인은 그리스도의 생명을 가진 자들이며 또한 그리스도를 닮아가는 자다. 그리스도인은 그리스도의 것이기 때문이다. 고린도전서 6장 19절 하반부에 "너희는 너희 자신의 것이 아니라 값으로산 것이 되었으니"라고 말씀하고 있다. 그리스도인인 우리 자신은우리의 것이 아니다. 하나님은 우리를 얻기 위하여 그리스도를 통하여 모든 것을 지불하셨다. 우리는 자신의 것이 아니라 하나님의것이며 그리스도의 것이다. 그러므로 그리스도인은 그리스도가 주인이며 우리는 그분의 종인 것이다. 이것은 모든 그리스도인에게 해당되는 것이다.

우리는 한때 사탄에 속아 죄의 종노릇하며 살았다. 그러나 하나님은 그리스도를 통하여 우리의 죄값을 지불하시고 우리를 사셨다. 해방시켜 주신 것이다. 우리는 주님의 것이다. 그리스도는 우리의 주이시다. 우리는 그분의 종이다. 참된 그리스도인에게는 이런 고백이 있다. "주님, 당신은 나의 주인이십니다. 저는 당신의 것이며 당신의 종입니다"

그리스도의 종이 구하는 한 가지

그렇다면 그리스도의 종이 지녀야 할 기본적인 태도는 무엇인가? 바로 주님의 기쁨을 구하는 것이다. 갈라디아서 1장 10절을 보라. "이제 내가 사람들에게 좋게 하랴 하나님께 좋게 하랴 사람들에게 기쁨을 구하랴 내가 지금까지 사람들의 기쁨을 구하였다면 그리스도의 종이 아니니라." 바울은 왜 갈라디아 성도들에게 이런 말을 했는가? 갈라디아 성도들은 바울이 전한 복음을 듣고 구원을 받은 자들이다. 그들은 은혜가 충만하였고 그들에게 복음을 전해준 바울을 무척 사랑했다. 그들은 자신들의 눈이라도 빼어 바울에게 주기를 원할 정도였다. 그러나 그 후에 어떤 무리들이 교회 안에 들어와 믿음만으로는 부족하니 율법을 지켜야 한다고 말했다. 그러자 갈라디아 사람들은 그들의 말에 미혹되어 바울이 복음의 진리에 대해 변론할 때 오히려 바울에 대해 불만을 품었다. 그래서 바울은 "이제 내가 사람들에게 좋게 하랴 하나님께 좋게 하랴?"라고 말했던 것이다. 무슨 뜻인가? 바울은 갈리디아 성도들의 마음을 상하게 하지 않으려 적당하게 타협하지 않았고 진리를 위하여 양보하지 않았던 것이다. 만일 바울이 그들에게 적당하게 타협하고 양보하였다면 그것은 사람을 좋게 하는 것이다. 그러나 바울은 그럴 수가 없었다. 바울은 사람의 기쁨을 구한 것이 아니라 하나님의 기쁨을 얻고자 했던 것이다. 하나님의 종이 지녀야 할 한 가지 기본적인 태도는 바로 하나님의 기쁨을 구하는 것이다. 얼마든지 갈라디아 성도들의 비위를 적당하게 맞추면 그들로부터 환영을 받을 수 있었고 그에게는 어려움이 없었을 것이다. 그러나 바울은 그렇게 하지 않았다. 그는 그리스도의 종으로 하나님께 대한 충성을 버릴 수가 없었기 때문이다. 그는 사람들로부터 환영을 받고 인정을 받고 인기를 얻기를 바란 것이 아니라 그들로부터 외면을 당한다 할지라도 하나님의 인정을, 하나님이 기뻐하시는 것이 무엇인가를 구했던 것이다.

그렇다면 우리는 어떠해야 하는가? 바울만 그리스도의 종인가? 아니다. 그리스도를 믿는 우리 모두 다 그리스도의 종이다. 주 예수는 나의 구주이실 뿐 아니라 나의 주인이시다. 그리스도가 우리의 주인이시라면 우리는 누구의 기쁨을 구해야 하는가? 사람의 기쁨을 구해야 하는가? 아니면 주인이신 그리스도의 기쁨을 구해야 하는가? 누구든지 십자가의 사랑을 참으로 본 사람이라면 조금이라도 주님을 사랑하는 마음이 있을 것이다. 참으로 주님을 사랑하는 사람의 구체적인 표시는 바로 주님의 기쁨을 구하는 것이다. 할렐루야!

그리스도인이 주님을 기쁘시게 하지 못하는 이유

그렇다면 그리스도인이 주님을 기쁘시게 하지 못하는 이유는 무엇인가? 여러 가지 이유가 있겠지만 가장 큰 것은 사람의 영광을 하나님의 영광보다 더 사랑하기 때문이다. 유치하고 쉬운 말로 하면 하나님의 눈치보다는 사람의 눈치를 더 보기 때문이다. 생각해보기 바란다. 우리의 주인이 누구인가? 그리스도이시다. 그렇다면 누구를 두려워하고 누구의 영광을 구해야 하는가? 바로 하나님이다. 그런데도 많은 그리스도인이 사람의 눈치를 보며 사람의 영광을 더 사랑하고 있다. 교회를 다니다가 실족한 자매가 있어 "자매님, 왜 교회는 나오지 않나요?"라고 했더니, 그 자매가 이렇게 말했다. "남편이 너무나 반대를 합니다. 교회 다니는 것을 싫어해요." 이것은 하나님의 영광보다는 사람의 영광을 더 사랑하는

것이다.

요한복음 12장 42-43절을 보자. "그러나 관리 중에도 그를 믿는 자가 많되 바리새인들 때문에 드러나게 말하지 못하니 이는 출교를 당할까 두려워 함이이라 그들은 사람의 영광을 하나님의 영광보다 더 사랑하였더라." 무슨 뜻인가? 주님께서 이 땅에 계실 때 당시 많은 관리들이 주님을 믿었다. 그러나 그들은 자신이 속한 유대교에서 출교를 당할까 두려워하여 자신이 그리스도를 믿는다고 다른 사람들에게 말을 하지 못한 것이다. 이런 것을 어떻게 말할 수 있겠는가? 사람의 영광을 하나님의 영광보다 더 사랑한다고 말하는 것이다.

어떤 그리스도인은 주님의 이름을 공개적으로 부르지 못하고 자기가 그리스도인인 것도 공개하지 못한다. 또 식사시간에 감사 기도를 하면 혹시 자신이 그리스도인이라는 것이 탄로날까봐 기도도 제대로 못하고 잠깐 눈만 감았다 뜨고 만다. 직장 가운데서 다른 사람들이 혹시 그리스도인에 대해서 부정적인 이야기를 하면 그들에게 외면을 당할까봐서 자신이 그리스도인이라는 것을 감추기도 한다. 언젠가 둘째 딸이 외출을 하고는 늦게 들어왔다. "분명히 아빠와 돌아오기로 한 약속시간이 있는데, 왜 늦었니?"라고 물었다. 그때 딸이 이렇게 말했다. "다른 친구들은 노는데, 저 혼자서 돌아오는 것이 힘들었어요. 제가 그 자리를 빠져나오면 그 친구들에게 따돌림을 당할 수도 있잖아요." 세상 친구들의 이목을 더 생각했던 딸은 하나님의 영광보다 사람의 영광을 구했던 것이다.

우리에게 이런 경우가 얼마나 많은가? 그러나 하나님은 우리를 어떻게 사랑하셨는가? 그리스도를 우리를 위하여 십자가에 내어주시기까지 사랑하셨다. 우리가 진정으로 주님을 사랑하면 우리에게 주님을 기쁘시게 해 드리려는 마음이 있을 것이다. 주님을 진정으로 기쁘시게 해 드리고자 하면 사람의 영광을 하나님의 영광보다 더 사랑할 수 없는 것이다.

기꺼이 하나님의 영광을 구하라

우리는 기꺼이 사람의 영광보다 하나님의 영광을 구해야 한다. 얼마나 많은 그리스도인들이 주님을 기쁘시게 하기 위하여 자신의 유익을 포기하고 때로는 고난과 핍박을 달게 받으며, 비성경적인 것을 거절해왔는가! 그들은 하나님을 기쁘시게 하기 위하여 어떠한 대가도 치뤘던 것이다.

사우디아라비아에서 이슬람에 속한 한 형제가 미국에 유학을 가 그곳에서 그리스도를 영접했다. 그는 이슬람을 떠나 그리스도를 영접하고 그리스도인이 되면 그의 가문에서 철저하게 배제된다는 것을 잘 알고 있었다. 그는 예수 그리스도를 영접하여 그리

 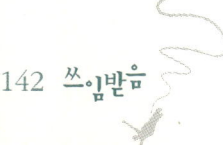

스도인이 되었다는 것을 자신의 부모에게 알렸다. 그때 그의 부모들은 "너는 이제 더 이상 우리 집안에 속한 사람이 아니다."라고 했고 그 일로 인하여 그의 부모는 이슬람으로부터 핍박을 받았다. 이 형제는 자신에게 어떠한 핍박과 고난이 찾아온다 할지라도 자신은 그리스도를 택하겠노라고 했다. 이 형제는 사람의 영광보다는 하나님의 영광을 구한 것이다.

어떤 형제가 있었다. 이 형제는 예수 그리스도를 영접한 뒤에 침례를 받아야 함을 깨닫고 침례를 받고자 했다. 그런데 그의 부친이 찬성하지 않았다. 그때 그의 마음속에서 전쟁이 일어났다. 침례를 받으면 부친의 마음이 상하게 되고 침례를 받지 않으면 주님의 말씀에 충성치 못하게 되는 것이기 때문이다. 잠자리에 누워 이리저리 뒤척이며 번민할 때 주님은 그에게 한 말씀을 주셨다. "아비나 어미를 나보다 더 사랑하는 자는 내게 합당치 아니하다"(마 10:37). 여기에서 그는 '대가'의 문제에 당면하게 된 것이다. 부모의 기쁨을 구할 것이냐, 하나님의 기쁨을 구할 것이냐. 결국 그는 침례를 받음으로 하나님의 기쁨을 구했다. 언젠가 한 형제의 소식을 들었다. 그 형제는 과거 주일에 부모님이 함께 놀러 가자고 하면 그렇게 하겠노라고 했는데, 이제 주일이 되어 그의 부모님이 함께 놀러 가자 하면 "저는 주일에 교회를 가야 합니다."라고 한다는 것이다. 이 형제는 사람의 영광을 구한 것이 아니라 하나님의 영광을 구한 것이다.

우리가 사람의 영광보다 하나님의 영광을 구하면 세상 사람들은 우리를 여러 가지로 핍박할 것이다. 그 핍박이 따돌림일 수 있고, 불이익일 수도 있고, 극한 상황 가운데서는 생명과 바꾸는 것이 될 수도 있다. 그렇다 할지라도 우리는 하나님의 영광을 구해야 한다. 왜냐하면 주님의 약속이 있기 때문이다. 누가복음 18장 29-30절에 뭐라고 하셨는가? "이르시되 내가 진실로 너희에게 이르노니 하나님의 나라를 위하여 집이나 아내나 형제나 부모나 자녀를 버린 자는 현세에 여러 배를 받고 내세에 영생을 받지 못할 자가 없느니라 하시니라" 우리는 사람의 영광보다 하나님의 영광을 구해야 한다. 그래야 이 땅에서 오히려 여러 배를 받게 되고 영생을 넉넉히 얻게 되는 것이다. 또 마태복음 5장 11-12절에서 "나로 말미암아 너희를 욕하고 박해하고 거짓으로 너희를 거슬러 모든 악한 말을 할 때에는 너희에게 복이 있나니 기뻐하고 즐거워하여 하늘에서 너희의 상이 큼이라 너희 전에 있던 선지자들도 이같이 박해하였느니라"라고 말씀하고 있다.

십자가는 죽는 것이다

우리가 하나님의 영광을 구하기 위해서는 우리 안에 있는 '사람의 영광'을 빼내어야 한다. 우리의 깊은 곳에 '사람의 영광'이 배

어 있다. 우리는 수없이 훈련하고 대가를 지불해서라도 우리 속에 있는 '사람의 영광'을 빼내어야 한다. 우리는 길이요 진리요 생명 되신 그리스도를 따르는 데에 있어서 사람들로부터 오는 어떤 부끄러움도 개의치 말아야 한다. 만일 당신이 그리스도를 따르고 진리를 붙들고 그분을 따르는데 그 안에 부끄러움이 있다면 그것은 아직도 당신 안에 사람의 영광이 남아 있는 것이다. 우리는 그리스도의 종이다. 주님의 충성된 종이 되기 위해서는 반드시 우리 자신의 보좌에서 내려와야 한다. 그렇지 않으면 우리는 주님을 섬길 수 없다.

히브리서 12장 2절을 보라. "믿음의 주요 또 온전하게 하시는 이인 예수를 바라보자 그는 그 앞에 있는 예수를 바라보자 그는 그 앞에 있는 기쁨을 위하여 십자가를 참으사 부끄러움을 개의치 아니하시더니 하나님 보좌 우편에 앉으셨느니라." 우리 주님은 십자가를 참으시고 부끄러움을 개의치 아니하셨다. 당시의 십자가는 가장 흉악한 죄인이 형벌을 받는 것이었다. 그러나 주님은 하나님의 영광을 구하셨기 때문에 하나님의 뜻을 이루시기 위하여 기꺼이 십자가의 죽음도 마다하지 않으신 것이다.

언젠가 전도를 하다가 한 자매를 만났다. 그 자매에게 "자매님, 이제 함께 하며 이 지역에 주님을 모르는 자들을 위하여 함께 일하시죠." 했더니 그 자매는 "저는 이렇게 작은 교회를 섬길 수 없어요."라고 매몰차게 말했다. 우리는 그리스도를 위해서라면 이보다 더 추한 곳, 더 악한 곳도 마다하지 말아야 한다. 잘 지어진 건물에 많은 신자들이 모인다고 해서 부끄럽지 않고, 건물도 없이 적은 무리가 모인 곳이라서 부끄러움을 느끼는 것은 아직 십자가의 길이 무엇인지 모르는 것이다. 십자가는 죽은 것일 뿐 아니라 부끄러움을 당하는 것이다. 생각해보라! 그리스도는 십자가에서 죽으시고 부끄러움을 개의치 않으셨다. 십자가는 주님의 영광을 구하고 어떠한 부끄러움도 개의치 않는 것이다. 많은 그리스도인의 실패가 어디로부터 오는 것인가? 부끄러움 당하기를 무서워하고 사람의 영광을 사랑하여 자기의 보좌에서 내려오지 않는 것으로부터 오는 것이다.

우리 주님은 이 땅에서 십자가를 지시고 가실 때 어떠했는가? 그분은 자신의 백성들로부터 멸시를 받으셨고 천대를 받으셨다. 돌을 던지는 자들, 욕설을 퍼붓는 자들, 하물며 뺨을 치는 자들까지 있었다. 그런데도 불구하고 우리 주님은 그런 것을 개의치 않으셨다. 하나님의 영광, 그분의 뜻을 이루시기 위하여 그 어떤 부끄러움도 개의치 않으시고 십자가의 길을 가신 것이다. 우리에게도 이런 십자가의 길이 있는 것이다. 지난주에 우리 교회 전도팀이 전도를 하다가 어떤 할머니 한 분에게 온갖 욕설을 들었다는 이야기를 들었다. 우리는 그렇다 할지라도 부끄러워해서는 안 된다. 주님을 섬기고 그분을 따르는데 주변의 사람들이 멸시하고 천대하고 온갖 욕설을 퍼붓는다 할지라도 우리는 부끄러움 당하는 것을 개의치 말아야 한다. 만일 그런 부끄러움을 당하는 것을 두려워한다면 우리는 하나님의 영광을 구하기보다는 사람의 영광을 구하는 것이 되는 것이다. 우리가 주님을 따르고 그분을 섬기기 위하여 세상의 그 어떤 부끄러움도 개의치 않고, 십자가의 길을 걷는다면 우리는 하나님의 영광을 구하는 것이다. 그러므로 우리는 하나님의 은혜로 우리 안에 있는 '사람의 영광'을 빼고 또 빼내야 한다. 그리하여 주님을 섬기고 그분을 따라야 한다.

이런 자들에게 주님께서 마지막 날 그분 앞에 서게 될 때 뭐라고 하시겠는가? "잘하였도다 착하고 충성된 종아 네가 적은 일에 충성하였으매 내가 많은 것을 네게 맡기리니 네 주인의 즐거움에 참여할지어다"라고 칭찬하실 뿐 아니라 영광의 면류관을 주어 그분과 함께 왕 노릇하게 하실 것이다.

Chapter 13 주인의 쓰심에 합당하게 하라

준비됨

하나님은 그분의 일을 위하여 사람을 필요로 하신다. 하나님은 사람을 통하여 그분의 뜻을 이루어가시기 때문이다. 창세기 1장에 보면 사람을 창조하신 목적에도 그분의 뜻이 나타난다. 하나님은 타락한 천사들이 대적했을 때 그들을 천상에서 쫓으셨다. 하나님은 직접 타락한 천사들을 처리하실 수 있으셨다. 그러나 하나님은 피조물이자 타락한 천사인 사탄을 그렇게 하시지 않으시고 사람을 지으셔서 처리하시고자 하셨다. 하나님은 사람을 통하여 그분의 뜻을 이루어가신다.

148 쓰임받음

하나님은 사람을 필요로 하시고 사람을 통해 뜻을 이루어 가신다. 그렇다면 사람의 입장에서 보면 하나님께 쓰임받는 것은 복 중에 복인 것이다. 하나님은 아무나 쓰시는 것이 아니라 하나님이 보시기에 합당한 사람, 필요로 하는 사람만을 쓰시기 때문이다. 그러므로 우리가 하나님께 쓰임 받을 때 그것은 하나님께서 우리를 인정하신다는 것이기도 하다. 하나님께 쓰임 받는 것은 부담이 아니라 복이다. 바울도 이렇게 말한다. "나를 능하게 하신 그리스도 예수 우리 주께 내가 감사함은 나를 충성되이 여겨 내게 직분을 맡기심이니"(딤전 1:12). 바울은 감사했다. 왠가? 하나님이 자기를 충성되게 여겨 써주셨기 때문이다.

우리는 알아야 한다. 이 땅에서 주님께 쓰임받은 사람은 장차 주님의 나라에서 주님으로부터 더 높은 지위와 영광을 얻게 된다. 장차 우리가 얻게 될 천국에서 사람마다 얻게 되는 지위가 모두 다른 것이다. 이 땅에서 주님을 섬길 줄 모르고 쓰임받지 못한 사람은 장차 하나님의 나라에 들지 못하고 주님으로부터 그 어떠한 상도 기대할 수 없다. 그러므로 우리는 하나님께 쓰임 받고자 해야 한다.

선택은 주님께 있다

그렇다면 하나님은 어떤 사람을 쓰시는가? "하나님! 내가 여기 있습니다. 나를 사용해주세요." 한다고 쓰임받을 수 있는가? "하나님, 저 재능도 있고 능력도 있어요. 하나님께서 하라는 대로 할 테니 저를 사용하세요." 이렇게 한다고 쓰실까? 아니다. 우리가 먼저 그분 마음에 합당해야 한다. 다른 말로 하면 하나님이 필요로 하고 쓰실만해야 한다.

생각해보라! 만일 어떤 사람이 정말 멋지게 자기소개서와 이력서를 써가지고 자신이 일하고자 하는 대기업에 찾아가서 "당신의 회사에서 내가 가진 재능과 능력을 최대한 발휘해서 일하고 싶습니다."라고 했다 하자. 그렇다고 그 회사에서 그 사람을 받아 줄 것 같은가? 아니다. 어떤 회사는 "이런 정신 나간 사람이 있나, 당장 나가시오!" 하거나 그 사람이 정말 자신의 회사에 필요한 사람인가를 검토할 것이다. 면접을 할 것이고 이것저것 물어볼 것이다. 그리고 정말 그 사람에게 일을 맡길 만하다면 채용할 것이다. 한 마디로 말해 사장이 보기에 합당해야 하는 것이다. 다시 말하면 선택이 일하고자 하는 사람에게 있는 것이 아니라, 그 사람을 쓰고자 하는 주인에게 있는 것이다. 이것은 무엇을 말하는가? 일하고자 하는 자는 반드시 그를 쓰실 주인에게 합당해야 한다는 것이다. 주님이 필요로 하는 것을 갖추고 있어야 하고 주님이 원하

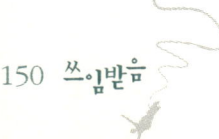

는 기준에 도달해야 한다는 것이다.

어리석은 우리는 어떻게 생각하는가? 주님께 합당하기도 전에 우리는 하나님의 일을 하려고 시도할 때가 얼마나 많은가? 무슨 일을 생각하고 그 일을 추진하려 한다. 그러나 준비되지 않음으로 인해 더 큰 문제가 일어날 수 있음을 깨달아야 한다. 출애굽기 2장 11절 이하를 보면 장성한 모세가 나온다. 어떤 애굽 사람이 자신의 동족인 히브리 사람을 치는 것을 보고 모세는 어떻게 했는가? 그 애굽 사람을 쳐 죽이고 모래 속에 감추어 버렸다. 그리고 이튿날 그 일이 발각되었고 결국 모세는 쫓겨 미디안 광야로 도망치는 신세가 되고 말았다. 우리가 자신의 힘과 실력만 믿고 준비되지 않은 상태에서 일하게 되면 모세와 같은 신세가 되고 만다.

그러므로 우리는 먼저 우리의 주인인 주님이 쓰시기에 합당해야 하고 그분이 나를 쓰실 수 있기를 바라야 한다.

어떤 자를 쓰실까

디모데후서 2장 20절을 보면 하나님의 일꾼을 그릇에 비유하고 있다. 우리는 하나님 앞에 그릇이다. 그 그릇은 용도가 다르고 크기가 다르다. 재질도 다르다. 한 가지 공통점은 주님이 그 그릇을 쓰신다는 것이다. 그런데 주님이 그 그릇을 쓰실 때 반드시 필요한 조건이 있다. 깨끗해야 한다는 것이다. 그렇다면 깨끗하다는 것을 무엇을 의미하는가?

첫째, 신실하다는 것이다. 사람은 사람의 속을 보지 못한다. 그래서 사람의 겉모습을 보고 사람을 판단할 때가 많다. 회사에서도 사람을 채용할 때 그의 이력서나 자기소개서를 보고 일단 판단한 후에 면접을 본 뒤 채용한다. 그러나 사람을 채용해놓고 후회하는 경우가 얼마나 많은가? 어떤 자매가 어릴 적 가난하게 자라서인지 돈 많은 사람과 결혼하리라 결심하고 사업가와 결혼했다. 그리하여 그의 결혼생활은 물질적으로는 부족함이 없었지만 늘 다툼의 연속이었다. 결국 이 자매는 돈이 있으면 행복할 것이라고 생각했던 자신이 얼마나 어리석은지를 알게 되었지만 그때는 이미 늦은 것이었다. 요즘 젊은이들은 외모가 우상시 되어 있다. 아름다운 외모를 위해서라면 어떤 일도 서슴지 않고 행하는 것을 본다. 왜 그런가? 겉으로 보기에 좋기 때문이다. 그러나 하나님은 겉을 보시는 분이 아니시다. 하나님은 우리의 속을 보신다. 하나님은 우리의 생각과 마음을 보시는 것이다. 다시 말하면 그 사람의 생각이 부정적이고 남을 의심하고 난잡한 생각으로 가득 차 있다면 하나님은 그 사람을 쓰실 수 없다. 그 마음이 깨끗하지 못하여 탐욕적이고 정욕적이고 자기중심적인 마음이라면 그 사람을 쓰실 수 없다.

마태복음 5장을 우리는 산상수훈이라고 한다. 예수님께서 친히 이 땅에서 말씀하신 것들이다. 그 내용을 보면 우리의 겉모습이 어떠해야 한다고 말씀하신 것이 아니라, 우리의 내면이 어떠해야 하는가를 말씀하고 계신다. "심령이 가난한 자는 복이 있나니 천국이 그들의 것임이요", "마음이 청결한 자는 복이 있나니 그들이 하나님을 볼 것임이요." 그러므로 우리가 하나님께 쓰임받기에 합당하기 위해서는 신실해야 한다. 우리가 신실하기 위해서는 우리의 생각과 마음이 하나님이 받으시기에 합당해야 한다. 그러므로 우리는 이렇게 기도해야 한다. "하나님! 나의 생각과 마음이 주님 보시기에 합당하길 원합니다. 나의 마음을 정결케 하시고, 나의 생각이 주님의 생각으로 변화되게 하시옵소서."

둘째, 자신보다는 주님이 우선되어야 한다. 마태복음 10장 37-39절을 보라. "아버지나 어머니를 나보다 더 사랑하는 자는 내게 합당하지 아니하고 아들이나 딸을 나보다 더 사랑하는 자도 내게 합당하지 아니하며 또 자기 십자가를 지고 나를 따르지 않는 자도 내게 합당하지 아니하리라 자기 목숨을 얻는 자는 잃을 것이요 나를 위하여 자기 목숨을 잃는 자는 얻으리라."

자신을 위한 것은 무엇인가? 우리가 이 땅에 주님보다 더 귀하게 여기거나 사랑하는 것이 있다면 바로 그것이 우리 자신을 위한 것이다. 우리는 많은 경우에 우리의 혈육 때문에 주님을 섬기지 못하는 경우가 많다.

언젠가 전도를 하다가 한 자매를 만났다. 전해주는 복음을 받아 그리스도를 영접했다. 그래서 "자매님, 이제 교회에 나와 믿음 안에서 성장해야 합니다."라고 했더니, 그 자매는 "목사님, 지금은 안 됩니다. 남편이 반대할 것이고 어린 아이들도 키워야 합니다." 이 자매는 주님보다 자신을 위한 삶을 사는 것이다. 교회출석을 반대하는 남편으로 인해 고통을 당하기 싫고, 주님보다 더 자녀를 생각했던 것이다. 이런 마음 뒤에는 주님보다 더 자신을 사랑하는 마음이 있다. 이런 자는 주님께 쓰임 받을 수 없다. 그리고 이런 자는 주님을 따를 수도 없다. 어떤 자매는 물질 때문에 주님을 따르지 못하고 쓰임 받지 못한다. "목사님, 저는 물질이 필요해요. 저는 돈을 벌어야 해요." 이런 경우도 주님보다 돈을 더 사랑하는 것이 된다.

디모데후서 2장 4절을 보라. "병사로 복무하는 자는 자기 생활에 얽매이는 자가 하나도 없나니 이는 병사로 모집한 자를 기쁘게 하려 함이라." 무슨 뜻인가? 남자가 군대를 가면 자신의 생활에 얽매이지 말아야 한다. 군인이 군대에 있으면서도 자신의 생활에 얽매이게 된다면 그는 절대 좋은 군인이 될 수 없다. 생활에 얽매임이 없이 오직 자신을 부른 조국을 위하여 충성하는 자가 좋은 군인이 될 수 있는 것이다.

우리는 누가 우리를 불렀는가? 바로 하나님이시다. 그렇다면 그 주님을 기쁘시게 해드려야 한다. 주님을 따르는 자들이 자신의

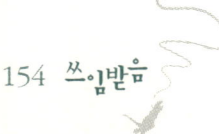

사사로운 감정에 얽매이거나 자신의 일에 얽매여 있다면 그 사람은 주님이 쓰실 수 없다. 아동복지시설의 초등학교 어린아이들을 보면서 많은 것을 깨닫는다. 어떤 아이는 학교를 마치면 여자친구들과 어울리느라 자신의 할 일을 하지 못한다. 또 어떤 아이는 문구점에 있는 게임기 앞을 지나지 못하고, 컴퓨터 앞을 그냥 지나치지 못한다. 이런 것이 사람의 욕구, 즉 정욕을 충족시키는 것이다. 이런 일에 빠지는 아이들은 절대 공부를 잘할 수 없고, 자신의 일을 해낼 수 없다. 결국 그런 아이들은 할 수 있는 일이 없어서 쓸모없는 사람이 되고 만다.

하나님의 나라에서도 마찬가지다. 자신의 일을 무엇보다 추구하는 사람은 하나님께서 절대 쓰실 수 없다. 그러므로 우리는 주님을 위해서라면 자신을 얼마든지 포기할 수 있는 사람이 되어야 한다. 그래야 주님은 그 사람을 들어서 귀하게 쓰실 수 있는 것이다.

셋째, 충성스러워야 한다. 충성이라는 단어는 영어로 faithfulness이다. 이는 믿음과 관련된 것이다. 믿음이 있을 때 충성하게 되고, 충성하는 자는 믿음이 있는 자다. 누가 주님을 위하여 죽기까지 충성하는가? 믿음이 있는 자다. 반면 믿음이 없는 자는 절대 충성하지 못한다. 믿음이 없는 자는 두 마음만 품다가 인생을 끝내버린다. '이리 갈까? 저리 갈까?', '할까? 말까?', '주님 뜻대로 살까? 내 뜻대로 살까?' 그러나 충성된 자는 주님을 위해서라면 자신의 목숨이라고 내놓는 자다.

하나님 앞에 쓰임받은 사람들은 전부 충성된 자였다. 다윗을 보면 하나님께서 왜 다윗을 쓰셨는가를 알 수 있다. 다윗이 아버지 밑에서 목동으로 일할 때 어떻게 일했는가? "다윗이 사울에게 말하되 주의 종이 아버지의 양을 지킬 때에 사자나 곰이 와서 양 떼에서 새끼를 물어가면 내가 따라가서 그것을 치고 그 입에서 새끼를 건져내었고 그것이 일어나 나를 해하고자 하면 내가 그 수염을 잡고 그것을 쳐죽였나이다"(삼상 17:34-35). 비록 자신의 양이 아니라 아버지의 양이었지만 다윗은 자신에게 맡겨진 일을 감당하기 위해서 자신의 목숨까지도 걸었다는 것을 알 수 있다. 하나님은 이런 충성된 다윗을 보시고 그를 이스라엘 왕으로 세우신 것이다.

로마서 16장을 보라. 주님의 종인 바울을 도왔던 충성스러운 한 부부가 나온다. "너희는 그리스도 예수 안에서 나의 동역자들인 브리스가와 아굴라에게 문안하라 그들은 내 목숨을 위하여 자기들의 목까지도 내놓았나니 나뿐 아니라 이방인의 모든 교회도 그들에게 감사하느니라"(롬 16:3-4). 그들은 주님을 위해 일하는 주의 종을 돕고 협력하기 위하여 자신의 목숨까지 내걸고 도왔다는 것이다. 이렇게 귀하고 충성스러운 일꾼들이 있었기 때문에 바울은 주님의 귀한 사역들을 감당할 수 있었던 것이다.

오늘날 교회 안에 충성스러운 이들을 찾아보기 힘들다. 하나

 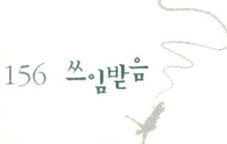

님의 일이 지속되지 못하는 경우도 충성스러운 일꾼이 적기 때문이다.

언젠가 교회 차량봉사를 하는 한 남자 집사님을 만난 적이 있었다. 그에게 물었다. "집사님, 몇 년째 차량봉사를 하고 있습니까?" 그러자 집사님이 대답했다. "목사님, 7년째입니다." 그는 집이 우만동인데 천천동까지 새벽기도를 위하여 차량봉사를 하고 있었고, 주일예배를 위해 매 주일 봉사하고 있다고 했다. 그것도 7년 동안이나. 그 말을 듣는 순간, '충성스럽구나.' 하는 생각이 들었다. 얼마나 많은 하나님의 일이 충성스럽지 못한 일꾼들로 인해 손실을 당하고 있는지 모른다. 힘들다고 중도 포기하고, 자신에게 유익이 되지 않는다고 포기하고, 하물며 상업적인 이익을 따져보고 자신에게 이익이 안 될 것 같으면 포기하는 경우가 얼마나 많은가?

그러나 주님은 지금까지 그분의 일을 충성된 자들에게 맡겨오셨고 그들을 통하여 하나님의 뜻을 이루어가고 계시다. 이런 충성된 자들에게 주님은 다시 오실 그날, 믿는 자들을 심판하실 그날에 "착하고 충성된 종아! 네가 작은 일에 충성하였으매 내가 많은 것을 네게 맡기리니 네 주님의 즐거움에 참여할지어다"라고 칭찬하시며 상을 주실 것이다.

그러므로 우리는 먼저 우리의 일보다 우리의 주인이신 주님께 쓰임 받기 합당하기를 바라야 한다. 우리가 먼저 신실해야 하고, 자신보다 주님을 우선되게 할 수 있어야 하고, 주님을 위해서 충성되어야 한다. 그런 후에야 주님께서 어떠한 일을 맡기신다 할지라도 그것을 잘 감당할 수 있게 되는 것이다.

하나님께 쓰임 받음

사람을 필요로 하신다

하나님은 전능하시다. 모든 것을 하실 수 있는 능력을 가진 분이시다. 그분은 하늘을 보좌 삼고 땅을 발등상삼고 계신다. 그분은 하늘과 땅의 권세를 가진 분이시다. 사실 하나님은 누군가가 그분의 능력을 무시하거나 제한하면 가만 계시지 않는다. 민수기 11장을 보면 이스라엘 백성들이 애굽 땅에서 나와 광야에 있을 때 그들이 고기가 먹고 싶다고 하나님과 모세를 원망하고 불평하였다. 그때 하나님은 모세에게 "너희의 몸을 거룩히 하여 내일 고기 먹기를 기다리라"고 하시면서 "하루나 이틀이나 닷새나 열흘이나 스무날만 먹을 뿐 아니라 냄새도 싫어하기까지 한 달 동안 먹게 하시리니"라고 하셨다. 그때 모세는 "보행자만 육십 만 명인데 한 달 동안 고기를 주어 먹게 하시겠다라니."라고 하며 자신의 생각 과 지혜로는 계산이 나오질 않아 받아들이지 못했다. 그러나 하나님은 어떻게 하셨는가? "여호와께서 모세에게 이르시되 여호와 의 손이 짧으냐 네가 이제 내말이 네게 응하는 여부를 보리라"(민 11:23). 하나님에게서 바람이 나와 바다에서부터 메추라기를 몰아 이스라엘 백성들이 있는 진영사방으로 각기 하룻길 되는 지면, 약 2.2Km되게 내리게 하셨다. 하나님은 우리가 그분의 능력을 의심 하고 신뢰하지 않으면 그분은 자신을 드러내신다. 그러므로 우리 는 하나님의 능력을 의심하지 말아야 한다. 그분의 전능하심과 권 세를 의심하지 말아야 한다.

이러한 모든 것에서 능력이 한이 없으신 하나님이시지만 그분 은 홀로 일하지 않으신다. 반드시 이 땅에 있는 사람을 통하여 일 하신다. 얼마든지 모든 것을 다 이루실 수 있는 능력과 권세를 갖 고 계시지만 그분은 이 땅의 사람을 통하여 그분의 능력과 권세를 나타내시고 그분의 뜻을 이루어가신다. 하나님은 이 땅의 사람이 필요하신 것이다. 그분과 함께 일할 사람이 필요하신 것이다.

언젠가 어떤 형제가 나에게 이런 말을 한 적이 있다. "목사님, 함께 일할 사람이 없습니다. 일자리를 구하는 사람은 수도 없이 많은데, 함께 일할 수 있는 사람이 부족합니다. 기도 부탁드립니

다." 맞는 말이다. 하나님도 이 땅에 수많은 사람들이 있고 그리스도인들이 있지만 함께 일할 수 있는 사람, 그분께서 쓸 수 있는 사람이 소수에 불과하다고 말씀하시는 것이다.

사탄이 쓰임 받는 것을 가로막음

하나님은 사람을 필요로 하시고 그분의 복을 쏟아 부으시고 쓰시길 원하시지만 사탄은 사람으로 하여금 하나님께 쓰임받지 못하도록 온갖 수단과 방법을 동원하여 방해한다.

사사기 14장을 보면 삼손의 이야기가 나온다. 하나님은 삼손에게 그분의 힘을 부어주셨다. 그러나 그는 그 힘을 상실했다. 사탄이 들릴라라는 여자를 삼손에게 붙여, 삼손으로 하여금 그 여자를 사랑하게 하고 삼손의 힘의 근원을 끈질기게 물어 알아내게 한다. 삼손은 계속해서 재촉하고 조르는 들릴라에게 자신의 힘의 근원이 머리카락에 있다고 말해버린다. "삼손이 진심을 드러내어 그에게 이르되 내 머리 위에는 삭도를 대지 아니하였으니 이는 내가 모태에서부터 하나님의 나실인이 되었음이라 만일 내 머리가 밀리면 내 힘이 내게서 떠나고 나는 약해져서 다른 사람과 같으리라 하니라"(삿 16:17). 사탄은 들릴라를 통해서 이 사실을 알아내게 하고 블레셋 방백들을 통하여 삼손이 잠자고 있는 틈을 타서 머리

털을 밀게 했다. 그 순간 삼손은 어떻게 되었는가? 하나님의 능력을 상실하고는 쓸모없는 사람이 되고 만 것이다. 이처럼 하나님의 사람들이 쓰임 받지 못하도록 사탄은 온갖 방법과 궤계를 동원하여 방해한다.

이뿐만이 아니다. 사탄은 그리스도인들 앞에 유혹의 덫을 둔다. 어떤 사람은 물질의 유혹에 약하다. 또 어떤 사람은 쾌락의 유혹에 약하다. 교회에서 운영하는 아동복지시설에 두 명의 아이가 있었다. 다른 아이들은 제시간이 되면 교실에 들어와 선생님들의 지도를 받아 공부를 하는데 이 두 아이는 늦게 나타나곤 했다. 그래서 두 아이를 불러, "너희들, 왜 늦는지 말해봐."라고 했더니, "학교 끝나면 pc방에 들러 게임 하고 와요."라고 말하는 것이었다. 몇 번 주의를 줬고 며칠은 그 유혹을 이겨내는 듯하더니, 또 그 유혹에 빠지는 것을 보았다. 아이들이든 나이가 든 사람이든 사탄은 쾌락으로 유혹한다. 그 유혹을 이겨내지 못하면 결국 자신의 일을 하지 못하고 하나님께 쓰임 받을 수 있는 기회를 잃어버리게 되는 것이다.

사탄은 또 시간의 소중함을 보지 못하게 한다. 그에게 아무리 많은 시간을 주어도 그는 그 시간들을 무의미하게 보내버린다. 또 어떤 사람에게는 분노나 화를 참지 못하게 만들어 하나님의 능력을 다 쏟아버리게 한다.

나의 체험을 이야기하겠다. 과거에 밖에서 힘들어 지쳐서 집

에 들어왔을 때 어린 자녀들이 자신의 일들을 제대로 하지 못하면 화가 나서 그 아이를 혼낸 적이 종종 있었다. 그런 중 어느 집회에 참석했고, 그때 하나님은 "너는 아버지다. 아버지는 그의 자녀들에게 하나님 아버지의 모습을 나타내어야 한다."라는 음성을 들었다. 처음에는 소리 없이 눈물이 흐르더니 어느덧 가슴이 찢어질 듯한 아픔이 찾아오면서 회개하게 하신 적이 있다.

이처럼 사탄은 우리의 약함과 부족함을 찾아내어 우리를 공격하고 하나님의 능력과 그분이 주신 권세들을 엉뚱한 데다 쏟게 만들어버린다. 결국 하나님께 쓰임 받지 못하게 한다.

언젠가 새벽에 기도하던 중이었다. 주님의 능력을 간절히 구할 때였다. 그때 주님께서 "내가 너희에게 나의 능력을 부어주지만 너희는 그 능력을 제대로 사용하지 않고 엉뚱한 데 낭비해버리는구나. 너희를 이렇게 하는 자가 바로 사탄이란다."라고 말씀하셨다.

사탄은 수없이 하나님이 우리에게 주신 것을 낭비해 버리게 한다. 하나님이 주신 시간을 낭비하게 하고, 하나님이 주신 재물을 엉뚱한 데 낭비하게 하고, 하나님의 주신 평강과 기쁨을 분노나 화를 통해서 쏟아 버리게 하고, 하나님이 주신 은사들을 주님을 위하여 사용하지 못하게 쓸데없는 데 낭비해버리게 한다. 우리는 사탄의 이러한 궤계를 볼 수 있어야 한다.

하나님은 쓰시길 원하신다

하나님은 우리를 쓰시길 원하신다. 하나님은 우리가 그분을 위하여, 그분의 나라를 위하여 쓰임 받기를 원하신다. 하나님은 어떤 형제에게는 물질의 복을 부으셔서 그 물질을 그분과 그의 나라를 위해 사용하기를 원하시고, 어떤 형제에게는 말씀의 능력을 부어 말씀으로 쓰임 받길 원하신다. 이처럼 하나님은 우리에게 다양한 은사를 주시고 그것으로 우리를 하나님의 뜻대로 쓰시길 원하신다. 기억하길 바란다. 주님께서 쓰시길 원하실 때 그분께 쓰임 받는 것이 복임을!

그렇다면 왜 하나님은 그토록 우리를 필요로 하시고 쓰시길 원하시는가? 우리가 이 땅에서 그분께 쓰임 받고 그분을 섬긴 것만큼, 주님의 나라에서 반드시 보상을 받기 때문이다.

회사에 입사를 하면 실무를 배우는 수습사원을 지내게 된다. 그 기간이 끝나면 정식사원이 된다. 병사는 바로 자대에 배치되는 것이 아니다. 훈련소를 거쳐서 자대로 배치받는다. 그리스도인도 마찬가지다. 이 땅에서 우리의 삶은 주님의 나라에서 주님을 섬기고 함께 살 수 있도록 준비시키는 일종의 훈련과정이다. 이 땅에서 주님을 섬기고 주님께 쓰임 받은 사람은 주님의 나라인 천국에서 주님에게 칭찬을 받고 주님으로부터 더 많은 것을 받아 주님을 섬기게 된다. 이 땅에서 섬김은 훈련이며 주님의 나라에서 섬김이 참된 섬김이 되는 것이다.

마태복음 25장에 나오는 달란트 비유에서 주님은 다섯 달란트를 받아서 다섯 달란트를 남긴 자에게 뭐라고 칭찬하셨는가? "그 주인이 이르되 잘하였도다 착하고 충성된 종아 네가 적은 일에 충성하였으매 내가 많은 것을 네게 맡기리니 네 주인의 즐거움에 참여할지어다하고"(마 25:21). 무슨 뜻인가? 이 땅에 주님을 충성스럽게 섬긴 자들은 주님의 나라에서 주님이 더 많은 것을 맡겨 주실 뿐만 아니라 주님의 즐거움에 참여하게 될 것이라는 칭찬이다.

그러므로 모든 그리스도인은 구원받은 것에 머물지 말아야 한다. 만일 '구원만 받으면 되지.'라고 생각하면 그것은 그리스도의 역사를 반쪽만 받아들인 것이다. 하나님께서 우리를 구원하신 것은 단순히 '둘째 사망인 불 못'에 가지 않기 위함만이 아니라 그리스도를 따르기 위함이다. 그분을 따르는 자들에게 상 주시기 위함이다. 주님과 함께 그분의 나라, 천국에서 기쁨을 누리고 왕 노릇하기 위함이다. 그러므로 구원받은 우리는 주님께 쓰임 받고자해야 하고 기꺼이 주님을 섬길 수 있어야 한다.

주님께 쓰임 받기 위하여

그렇다면 우리가 주님께 쓰임 받기 위하여 어떻게 해야 하는가? 두 가지 방법이 있다.

첫째는 주님께 대한 헌신이다.

사무엘상 1장 10-11절을 보라. "한나가 마음이 괴로워서 여호와께 기도하고 통곡하며 서원하여 이르되 만국의 여호와여 만일 주의 여종의 고통을 돌보시고 나를 기억하사 주의 여종을 잊지 아니하시고 주의 여종에게 아들을 주시면 내가 그의 평생에 그를 여호와께 드리고 삭도를 그의 머리에게 대지 아니하겠나이다."

이스라엘에 한나라는 여인이 있었다. 그에게는 자식이 없었다. 그것이 괴롭고 고통스러워서 하나님께서 자식을 구했다. 그리고 자식을 주시면 그를 하나님께서 드리고 삭도를 그의 머리에게 대지 아니하겠다고 서원했다. 자식을 하나님을 드린다는 의미가 무엇인가? 바로 헌신의 의미이다. 헌신은 말 그대로 몸을 드리는 것이다. 하나님께 내 자신을 드리는 것이다. '저는 주님의 것입니다.' 하고 드리는 것이다.

당신 가운데 상업적인 사고가 없길 원한다. 상업적으로 계산을 하자면 하나님께 자신을 드리는 것이 손해를 보는 것 같은 느낌이 든다. "아니, 더 많이 갖고 더 많이 누리고 모든 것을 내 뜻대로 내 마음대로 하는 것이 더 좋은 것이 아닌가. 그런데 내 자신

을 하나님께 드리면 나는 무엇인가."라고 생각할 수도 있다. 그러나 그렇지 않다. 여기에 한 환자가 있다. 그는 큰 병에 걸렸다. 그대로 두면 죽는다. 의사가 그에게 "수술을 해야 합니다."라고 말했다. 그러자 이 환자는 "어떻게 내 몸을 당신에게 맡깁니까. 나는 절대 그렇게 못합니다."라고 한다면 아무리 훌륭한 명의라 할지라도 그 환자를 살릴 수 없다.

내가 아는 아동복지시설에 젊은 남자 선생님이 한 분 계신다. 나는 그에게 물었다. "당신은 어떤 아이에게 더 많은 것을 주고 싶고, 더 가르쳐주고 싶나요." 그러자 그는 "목사님, 저의 말에 잘 순종하고 제가 하라는 대로 하는 아이에게 더 많은 것을 주고 싶고 가르쳐주고 싶습니다."라고 대답했다. 그래서 "맞는 말이다. 하나님 앞에 우리도 마찬가지다."라고 말해준 적이 있다.

우리는 하나님께 우리 자신을 드리면 그것이 손해를 보는 것 같겠지만 사실은 그렇지 않다. 우리가 하나님께 우리 자신을 드리면 드릴수록 하나님은 우리를 주님이 원하시는 사람으로 변화시킬 뿐 아니라 우리를 주님의 뜻대로 우리를 사용하실 수 있고 우리는 그분이 부으시는 복의 통로가 되어 귀하게 쓰임 받을 수 있다. 성경에 나오는 하나님의 복을 누리고 쓰임 받은 수많은 사람은 모두가 하나님께 헌신하고 난 뒤에 복을 받고 쓰임 받았다.

아브라함의 예를 보자. 아브라함은 갈대아 우르의 땅을 떠나올 때 헌신의 사람이 아니었다. 그는 여전히 자신의 뜻대로 자신의 생각대로 행하던 사람이었다. 그러나 그가 100세가 되어 이삭을 얻고 난 뒤에는 달랐다. 그는 자신을 온전히 하나님께서 드릴 수 있을 정도로 헌신하는 사람이 되었다. 그러자 하나님은 그의 소유가 많아 넘치게 하셨을 뿐만 아니라 그를 통하여 예수 그리스도를 이 땅에 보내셨다. 그러므로 얼마만큼 자신을 하나님께 내드리느냐에 따라 그 사람이 하나님의 복의 통로가 되고, 하나님께 쓰임 받을 수 있는지가 결정되는 것이다.

두 번째 방법은 사탄을 이기는 것이다. 사탄은 우리로 하여금 하나님께 헌신하지 못하도록 우리를 어둡게 할 뿐 아니라 우리를 아무 쓸모없는 사람으로 전락하게 한다.

사도행전 16장을 보면 주님의 종 사도 바울이 빌립보라는 지역에서 복음을 전할 때의 이야기가 나온다. 그곳에서 점치는 귀신 들린 여자를 만났다. 그 귀신들린 여자는 바울을 졸졸 따라다니며 괴롭혔다. 그렇게 여러 날 동안 바울을 심히 괴롭게 하였다.

이처럼 사탄은 여러 환경을 통하여 우리를 괴롭게 한다. 많은 부모들이 자녀들을 보면서 화를 많이 낸다. 자녀들이 말을 듣지 않거나 속을 썩이면 화를 낸다. 물론 화를 낼 수는 있지만 그 화를 내는 감정에 나의 감정이 들어가게 되면 그때부터 사탄에게 지는 것이다. 우리가 사탄에게 지면 질수록 사탄은 개선가를 부른다. 사탄은 기회만 있으면 우리를 삼키려고 한다. 우리를 넘어지게 한다. 우리를 쓰러뜨리려고 한다.

그러면 사탄을 이기고 주님께 쓰임 받기 위해서는 어떻게 해야 하는가? 우리가 먼저 우리가 주님 안에서 강건해야 한다.

에베소서 6장 10절을 보라. "끝으로 너희가 주안에서와 그 힘의 능력으로 강건하여지고"라고 했다. 그 힘의 능력으로 강건해진다는 뜻이 무엇인가? 이것은 능력이 우리에게 있지 아니하고 모든 능력이 주님께서 있음을 믿고 그분을 철저하게 의지해야 한다는 것이다. 나의 지혜와 지식을 버리고 오직 성령의 지혜와 그분의 지식을 의지하는 것이다. 그리고 말씀과 기도로 대적해야 한다.

사탄은 우리가 대적하기만 하면 물러가게 되어 있다. 대적이란 무엇인가? 사탄의 역사를 분별하고 즉시 거절하는 것이다. "나는 너의 것을 받아들일 수 없다."라고 말하는 것이다. "너는 나에게 떠나가라."라고 외치는 것이다.

요한계시록 12장 11절을 보라. 사탄을 이기고 승리한 자들이 나온다. 그들은 무엇으로 이겼는가? "또 우리 형제들이 어린양의 피와 자기들이 증언하는 말씀으로써 그를 이겼으니." 주님의 보혈을 의지하고 하나님이 자신들에게 주신 말씀으로 사탄을 대적해 이긴 것이다.

그러므로 우리가 어제까지는 실패했다 할지라도 오늘은 주님의 말씀으로 사탄을 대적해나가야 한다. 만약에 실패했다 할지라도 포기하지 말고 다시 일어서서 주님께 회복을 구하여 사탄을 대적해나가야 한다. 그러면 하나님께서 힘주시고 능력을 주셔서 사탄을 대적하고 승리하게 하실 것이다.

성령의 능력을 구하라

사람의 한계

사람은 한계가 있다. 아무리 노력해도 이루지 못하는 것이 있고 아무리 애쓴다 할지라도 견디거나 이기지 못하는 것들이 있다. 이런 경험이 있을 것이다. 분명히 죄라는 것을 알고 극복해보려고 했는데 실패한 경험 말이다. 또 어떤 사람은 환경과 여건을 극복하고 싶은데 자꾸 실패하는 것을 경험했을 것이다. 또 어떤 사람은 주님께서 맡기신 사역을 감당하고 싶은데 아무 힘도 능력도 없는 것을 경험했을 것이다. 또 사역을 감당하다가 힘이 다 소진된 사람도 있을 것이다. 우리에게는 이런 수많은 실패의 경험들이 있다. 왜 그런가? 사람이 가진 힘과 능력은 한계가 있기 때문이다. 제한적이기 때문이다. 사실 우리들만 그런 것이 아니다. 주님을 따랐던 제자들도 그랬다.

십자가에서 죽으신 주님께서 부활하신 뒤에 제자들에게 나타나셨다. 그들에게 "성령을 받으라"고 하시며 그들에게 성령을 부어주셨다. 그때 제자들은 그 안에 성령을 모실 수 있었다. 그들은 그 안에 성령을 모셨고 부활하신 주님을 만나는 체험까지 했지만 아직 아무것도 할 수 없었다. 주님께서 하신 일들을 증언할 수도 없고, 다른 누구 앞에서 '내가 주님의 제자다'라고 담대하게 말할 수도 없었다. 그들은 주님을 직접 체험하고 경험했으면서도 오히려 옛날로 돌아가고자 했다.

요한복음 21장 3절을 보자. "시몬 베드로가 나는 물고기 잡으러 가노라 하니 그들이 우리도 함께 가겠다하고 나가서 배에 올랐으나 그날 밤에 아무것도 잡지 못하였더니." 그들이 처음에 주님을 따를 때 어떻게 했는가? 배를 버리고 처와 자식보다 주님을 우선으로 여기고 주님을 따랐다. 그런데 그들은 주님께서 십자가에서 죽으시고 부활하신 뒤에 다시 옛날로 돌아가고자 했던 것이다.

우리도 이런 경험이 있다. 주님을 깊이 경험하고 그분의 은혜를 체험하면 주님을 위하여 무엇이라도 할 수 있을 것 같고 세상의 모든 죄를 이기며 모든 환경과 여건을 이길 수 있을 것 같다. 그런데 시간이 지나면 내 안에 기쁨이 사라지고 무언가를 하려 해

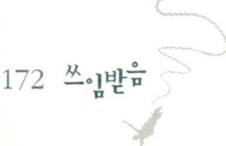

도 할 수 없는 자신을 발견하게 된다. 그리고 누군가에게 "당신은 예수 그리스도를 믿어야 합니다."라고 말 한마디 할 수 없는 자신을 발견하고는 실망한다. 왜 그런가? 성령의 능력을 힘입지 않았기 때문이다. 위로부터 덧입혀지는 능력이 없기 때문이다.

우리는 덧입혀지는 능력이 필요하다

주님은 그분을 증언할 증인이 필요하다. 그분을 드러내고 그분을 나타낼 사람이 이 땅에 필요하다. 누가복음 24장 46-47절을 보자. "또 이르시되 이같이 그리스도가 고난을 받고 제삼일에 죽은 자 가운데서 살아날 것과 또 그의 이름으로 죄 사함을 받게 하는 회개가 예루살렘에서 시작하여 모든 족속에게 전파될 것이 기록되었으니 너희는 이 모든 일의 증인이라." 주님은 당신이 십자가에서 죽으시고 부활하신 것과 또 그분을 믿는 자들에게 하나님께서 죄 사함을 주신다는 이 사실을 증언할 증인이 필요하신 것이다. 그러면서 주님은 제자들에게 무엇을 명하셨는가? 49절을 보자. "볼지어다 내가 내 아버지께서 약속하신 것을 너희에게 보내리니 너희는 위로부터 능력으로 입혀질 때까지 이 성에 머물라 하시니라." 여기 "내가 내 아버지께서 약속하신 것을 너희에게 보내신다"라고 하셨는데 주님께서 약속하신 것이 무엇인가? 성령이 능력으로 입혀지는 것이다. 그러니까 주님도 구원받은 우리가 우리의 힘과 능력으로 그분을 증언하는 증인이 될 수 없음을 아시고 아버지의 약속하신 성령을 통하여 능력으로 덧입혀질 때만이 우리가 그분을 증언할 수 있을 것임을 말씀하신 것이다. 우리가 주님을 증언하기 위해서는 아버지의 약속하신 성령이 필요하다. 위로부터 부어지는 능력으로 입혀져야 한다.

사도행전 2장을 보면, 오순절 날 성령이 제자들 위에 임하셨다. 주님께서 약속하신 성령이 그들에게 능력으로 입혀졌다. 그러자 그들은 어떻게 되었는가? 사도행전 2장 4절을 보자. "그들이 다 성령의 충만함을 받고 성령이 말하게 하심을 따라 다른 언어들로 말하기를 시작하니라." 성령의 능력이 그들에게 덧입혀지자 성령의 충만함을 받았다. 그리고는 각자 다른 방언을 하기 시작했다. 이런 일이 일어나고 난 후에 그들은 분명히 변화되었다. 성령의 능력이 그들에게 덧입혀지기 전까지는 주님을 위하여 아무것도 할 수 없었던 그들이 아니었는가. 주님을 직접 경험하고 하물며 부활하신 주님을 만나기까지 했으면서 그 누구에게도 주님의 십자가의 죽으심과 부활, 회개하고 그리스도를 믿는 자들은 죄 사함을 얻을 수 있다는 것을 증언할 수 없었다.

그러나 그들에게 성령이 능력으로 입혀지자 상황이 달라졌다. 그들은 담대하게 되었고 그 누구 앞에서도 주저하지 않았다. 그들은 세상을 이기고 죄를 멀리하며 오직 그리스도를 위하여, 주님의

복음을 위하여 주저하지 않았다. 그들은 더 이상 이전의 나약하고 아무것도 할 수 없는 그런 자들이 아니었다. 하나님의 능력이신 성령이 그들에게 머물자 그들은 이 땅에 그 어느 것도 두려워하지 않는 능력 있는 복음을 전하는 자들이 된 것이다.

우리에게도 이런 능력이 필요하다. 분명 그리스도를 영접한 자들에게는 성령이 내주하신다. 그 안에 성령이 거하신다. 그러나 이것만으로는 부족하다. 주님을 섬기기 위하여 우리는 위로부터 임하는 성령의 능력으로 덧입혀져야 한다. 우리는 스스로의 힘과 능력으로는 주님을 위하여 일할 수 없다. 어느 단계에 이르면 우리의 힘과 능력이 소진되어 아무것도 할 수 없게 된다. 우리는 그분의 능력을 구하여 주님의 복음의 증인이 되고 세상을 이기고 또한 주님을 섬기는 사람이 되어야 한다.

네 마음의 소원을 이루라

주님은 모든 그리스도인이 다 성령의 능력을 덧입기를 원하신다. 그러나 모든 그리스도인이 다 성령의 능력을 구하여 그 능력으로 행하는 것이 아니다. 왜냐하면 우리가 그 능력을 구하지 않으면 그분은 능력을 우리에게 부어주실 수 없기 때문이다. 하나님은 참으로 인자하시다. 그분은 우리에게 모든 것을 다 주실 수 있는 분이시다. 그러나 우리가 구하지 않으면 그분은 주실 수 없으시다. 그러므로 우리는 그분의 능력을 구해야 한다. 우리 안에 성령의 능력을 구하자는 갈망이 있어야 한다.

빌립보서 2장 13절을 보라. "너희 안에서 행하시는 이는 하나님의 이시니 자기의 기쁘신 뜻을 위하여 너희에게 소원을 두고 행하게 하시나니." 주님은 우리가 먼저 소원을 갖길 원하신다. 우리가 주님을 위하여 그리스도의 복음을 전하기 위하여 세상을 이기고, 주님을 섬기기 위하여 성령의 능력이 필요하다는 간절한 소원, 갈망이 있어야 한다는 것이다.

주님의 제자들을 보라. 주님께서 그들에게 뭐라고 하셨는가? 사도행전 1장 4절에 "사도와 함께 모이사 그들에게 분부하여 이르시되 예루살렘을 떠나지 말고 내게서 들은 바 아버지께서 약속하신 것을 기다리라"고 했다. 주님은 그들에게 아버지의 약속하신 성령의 능력을 입기 위하여 기다리라고 하셨다. 그러자 그들은 어떻게 했는가? 주님의 말씀을 붙들고 소원을 가졌다. 성령의 능력을 덧입기를 사모했다. 그러고는 어떻게 했는가? 기도하기 시작했다. 사도행전 1장 14절에 "여자들과 예수의 어머니 마리아와 예수의 아우들과 더불어 마음을 같이하여 오로지 기도에 힘쓰더라"고 했다. 그들은 마음에 소원이 있었다. 주님을 증언하기 위하여, 주님을 섬기기 위하여 그들에게 성령의 능력이 필요함을 깨닫고 그 능력을 구하고자 하는 소원에 불탔다.

믿길 바란다. 주님은 우리가 소원을 가질 때 그 소원을 이루신다. 시편 37편 4절을 보라. "또 여호와를 기뻐하라 그가 네 마음의 소원을 네게 이루어 주시리로다." 하나님은 우리가 주님을 위하여 주님의 복음을 전파하고, 주님을 섬기고, 그 능력을 구하면 부어주시는 분이시다. 그러므로 먼저 주님을 섬기고 복음을 전하기 위하여 그분의 능력이 필요하다는 간절한 소원을 품으라. 그때 비로소 주님은 우리에게 그 소원을 이루어가신다.

날마다 주님과 교제하라

　하나님은 우리와 얼마나 교제를 원하시는지 모른다. 하나님은 홀로 계셔도 아무 부족함이 없으신 분이시다. 그럼에도 불구하고 그분은 우리와 교제하기를 원하신다. 하나님은 우리와 교제하시기 위하여 그 아들을 십자가에서 죽게 하셨고 그 피를 보시고 우리의 죄를 사하시사 우리에게 대한 진노를 푸시고 기꺼이 교제하시기를 원하셨다. 하나님은 우리와 교제하시기를 원하셔서 모든 것을 내어주시기까지 하신 것이다. 하나님은 우리 주 예수 그리스도로 말미암아 우리와 교제하기를 원하시는 분이시다. 요한일서 1장 3절에 "우리가 보고 들은 바를 너희에게도 전함은 너희로 우리와 사귐이 있게 하려 함이니 우리의 사귐은 아버지와 그의 아들 예수 그리스도와 더불어 누림이라"고 했다. 우리가 그분과 사귐, 즉 교제에 힘쓸 때 그분은 그 능력을 우리에게 덧입혀주시는 것이다.

　주님께서 이 땅에 계실 때였다. 주님께서 세 명의 제자를 데리고 기도하시기 위하여 산에 오르셨다. 그리고는 그들에게 "너희는 여기 머물러 나와 함께 깨어 있으라" 하며 기도하시기 시작하셨다. 그러나 그들은 어떠했는가? 주님과 함께 한 시간도 깨어있질 못했다. 우리도 이 제자들과 같을 때가 얼마나 많은가? 주님과 한 시간도 함께 하지를 못한다. 많은 사람들이 친구가 찾아오거나 중요한 모임이 있거나 아니면 자신에게 도움이 되거나 즐거운 일이 있을 때는 힘들이지 않고 넉넉하게 시간을 보낸다. TV 앞에서 시간가는 줄을 모르고 어떤 이들은 컴퓨터 게임 앞에서 시간가는 줄을 모른다.

위대하신 하나님은 그분의 능력과 은혜가 우리에게 전해지기를 갈망하시지만 많은 사람들이 그분과 교제하려고 시간을 내지 않는다. 하나님은 우리가 그분과 교제할 때 능력을 부어주시고 그분의 은혜와 사랑을 우리에게 부어주시지만 우리가 세상일에 너무나 바쁘고 다른 일에 집중하는 바람에 하나님께서 부어주시는 위로부터 오는 능력을 덧입지 못하는 것이다.

주님을 사랑하는 자들은 절대 "하나님과 교제할 시간이 없습니다."라고 말하면 안 된다. 하루 가운데 가장 중요하고 가장 복되고 가장 도움이 되는 시간이 바로 하나님과 함께 보내는 시간이라는 것을 깨달아야 한다.

이것을 깨닫는 하나님의 자녀들은 자신의 시간을 가장 먼저 하나님께 드려 그분과 교제하고자 할 것이다. 우리는 하루도 거르지 않고 날마다 그리고 매순간마다 우리와 교제하길 원하시는 그분과의 교제에 힘써야 한다.

순종하는 자에게 능력이 나타남

우리가 기도와 말씀으로 주님과 교제하면 주님은 우리에게 그분의 능력을 주신다. 그때 우리는 무엇을 해야 하는가? 그분께 순종해야 한다. 그분의 음성과 말씀에 우리가 순종할 때 주님은 우리를 통하여 능력을 나타내신다. 하나님의 능력은 우리의 순종을 통해서만 나타날 수 있는 것이다. 아무리 주님과의 교제에 힘쓴다 할지라도 우리가 그분의 말씀에 순종하지 않으면 그분은 우리를 통해서 능력을 드러내실 수 없으시다.

하나님께서 모세를 통하여 이스라엘 백성들을 이끌고 가나안 땅을 향하여 갈 때, 그들 앞에 홍해가 버티고 있었다. 그때 하나님은 모세에게 뭐라고 명령하셨는가? "여호와께서 모세에게 이르시되 너는 어찌하여 내게 부르짖느냐 이스라엘 자손에게 명령하여 앞으로 나아가게 하고 지팡이를 들고 손을 바다 위로 내밀어 그것이 갈라지게 하라 이스라엘 자손이 바다 가운데서 마른 땅으로 행하리라"(출 14:15-16). 모세가 이 하나님의 말씀을 듣고 그대로 순종했기 때문에 홍해가 갈라지고 이스라엘 백성들이 홍해를 건너갈 수 있었다. 즉 하나님께서 아무리 말씀하셔도 우리가 그 말씀에 순종하지 아니하면 하나님은 그분의 능력을 나타내실 수 없으신 것이다. 여리고 성이 무너진 것도 마찬가지다. 여호수아가 하나님의 말씀을 듣고 그대로 행했기 때문에 하나님은 그분의 능력을 나타내어 여리고 성을 무너뜨리신 것이다.

요한복음 14장 15-16절을 보라. "너희가 나를 사랑하면 나의 계명을 지키리라 내가 아버지께 구하겠으니 그가 또 다른 보혜사를 너희에게 주사 영원토록 너희와 함께 있게 하리니." 주님은 이 말씀을 통하여 우리에게 성령을 보내실 조건을 말씀하신다. 그것이 무엇인가? "나의 계명을 지키라"는 것이다. 우리가 주님의 명령에 순종할 때 하나님은 성령을 우리에게 부으시고 그분의 능력을 덧입게 하시겠다는 것이다. 우리가 하나님께서 부어주시는 성령의 능력을 덧입느냐 못 입느냐가 우리의 순종여부에 따른 것이다. 사도행전 2장에서 오순절에 날 제자들이 성령의 충만을 경험한 것도 그들이 주님의 약속, 즉 주님의 계명을 지켰기 때문이다.

사도행전 4장 29-31절을 보라. "주여 이제도 그들의 위협함을 굽어 보시옵고 또 종들로 하여금 담대히 하나님의 말씀을 전하게 하여 주시오며 손을 내밀어 병을 낫게 하시옵고 표적과 기사가 거룩한 종 예수의 이름으로 이루어지게 하옵소서 하더라 빌기를 다하며 모인 곳이 진동하더니 무리가 다 성령이 충만하여 담대히 하나님의 말씀을 전하니라." 무슨 일이 일어났는가? 하나님의 자녀들이 하나님의 말씀을 전하기 위하여 기도했고 표적과 기사가 이루어지기를 기도했다. 그랬더니 하나님은 그들에게 성령으로 충만하게 하셨다. 그때 그들은 어떻게 했는가? 즉시 순종하여 "담대히 하나님의 말씀을 전하기" 시작한 것이다. 하나님은 그들을 통하여 그분의 능력을 나타내실 수가 있으신 것이다.

그러므로 우리는 주님께서 부어주시는 능력을 힘입어 이 땅에서 그리스도를 위하여, 하나님의 나라를 위하여 귀하게 쓰임받는 자들이 되어야 한다. 우리가 그런 삶을 살 때 주님 앞에 서는 그날, 하나님은 우리들을 칭찬하실 것이며 우리에게는 그분이 주시는 상이 있을 것이다.

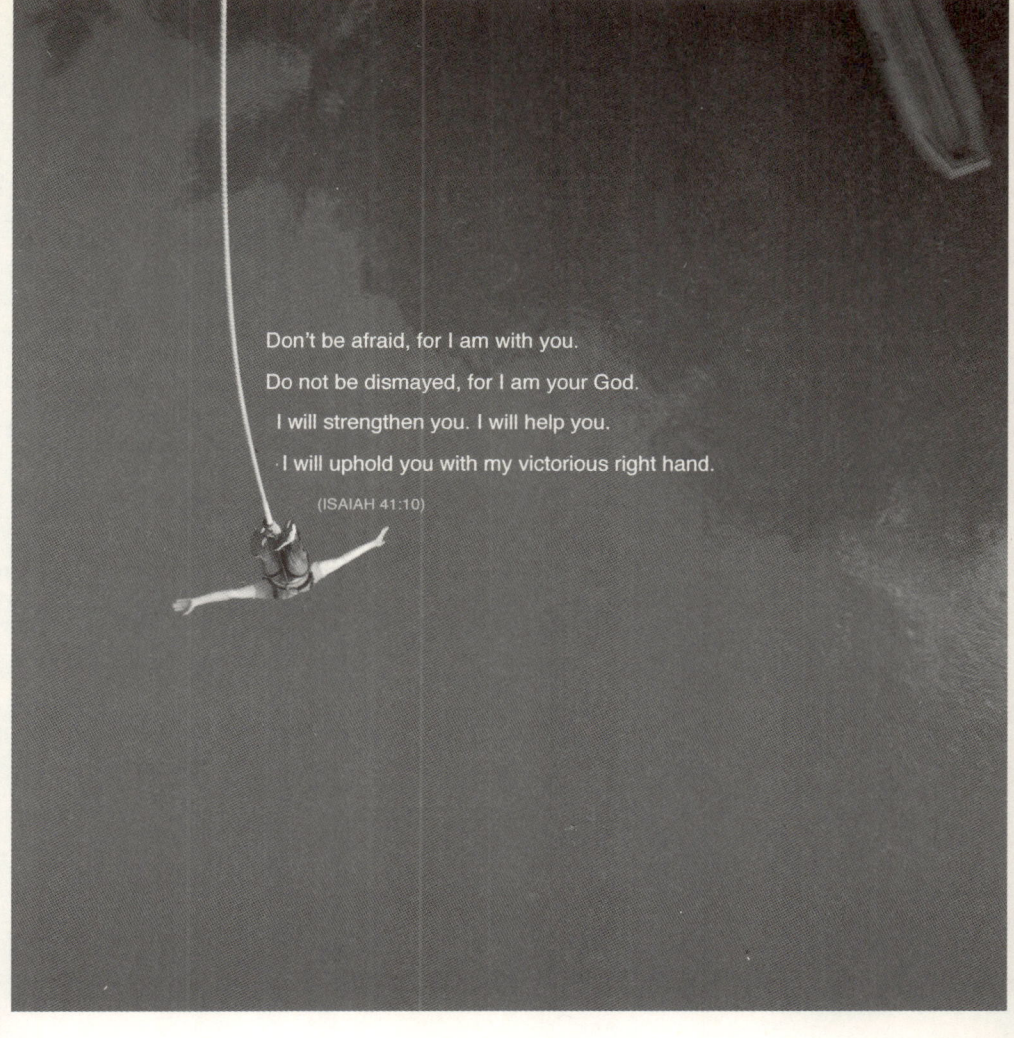

Don't be afraid, for I am with you.

Do not be dismayed, for I am your God.

I will strengthen you. I will help you.

I will uphold you with my victorious right hand.

(ISAIAH 41:10)

"두려워 말라 내가 너와 함께 함이니라.
놀라지 말라 나는 네 하나님이 됨이니라.
내가 너를 굳세게 하리라.
참으로 너를 도와 주리라.
참으로 나의 의로운 오른손으로 너를 붙드리라."

〔이사야 41장 10절〕

쓰임받음

초판 1쇄 발행	2011. 8. 31
지은이	김철수
펴낸이	방주석
책임편집	방미예
영업책임	곽기태
디자인	전찬우
펴낸곳	베드로서원
주소	(110-740) 서울 종로구 연지동 136-56 기독교연합회관 1309호
전화|팩스	02)333-7316 | 02)333-7317
이메일	peterhouse@paran.com
홈페이지	www.peterhouse.co.kr
창립일|출판등록	1988년 6월 3일 | 2010년 1월 18일(제59호)
ISBN	978-89-7419-297-6 03230
책값	뒤표지에 있습니다.

베드로서원은 말씀과 성령 안에서 기도로 시작하며

영혼이 풍요로워지는 책을 만드는 데 힘쓰고 있으며,

문서선교 사역의 현장에서 세계화의 비전을 넓혀가겠습니다.

나의 힘이신 여호와여 내가 주를 사랑하나이다(시 18:1)